Edizioni R.E.I.

Tutti i nostri ebook possono essere letti sui seguenti dispositivi: computer, eReader, IOS, android, blackberry, windows, tablet, cellulari.

French Academy

Il sistema dei sette Chakra

(Volume 5)

Vishuddha - Il Quinto Chakra

ISBN 978-2-37297-2734

Pubblicazione digitale (eBook): 15 marzo 2016
Stampa: 15 marzo 2016
Nuova edizione aggiornata: 22 dicembre 2016
Edizioni R.E.I.
www.edizionirei.webnode.com
edizionirei@outlook.com

French Academy

Vishuddha
Il Quinto Chakra

Edizioni R.E.I.

Indice

Il sistema dei Chakra 9
Vishuddha - Quinto Chakra 13
Shiva 22
Come attivare il 5° chakra 25
Colore del quinto chakra 26
Oli essenziali associati al quinto chakra 37
    Cipresso 38
    Eucalipto 40
    Lavanda 43
    Menta 45
    Canfora 46
    Zenzero 48
    Alloro 50
    Camomilla 52
    Niaouli 54
    Origano 56
Fiori Himalaya associati al quinto chakra 59
    Autenticity 61
Fiori Californiani associati al quinto chakra 62
    Calendula 64

Cosmos 66
Iris 67
Snapdragon 69
Trumpet Vine 70
Violet 71
Fiori Australiani associati al quinto chakra 73
Old Man Banksia 75
Hibbertia 77
Fiori di Bach associati al quinto chakra 78
Clematis 80
Honeysuckle 82
Wild Rose 84
Olive 85
White Chestnut 86
Mustard 87
Chestnut Bud 88
Water Violet 89
Numero del quinto chakra 90
Esercizi fisici 93
Pietre consigliate per il 5° Chakra 96
Acquamarina 97
Azzurrite 100
Turchese 102

Sodalite 104

Angelite 106

Lapislazuli 108

Cianite 110

Crisocolla 112

Larimar 114

Il sistema dei Chakra

Con la parola Chakra, che deriva dal sanscrito e significa "ruota", si vogliono indicare i sette centri di base di energia nel corpo umano. I chakra sono centri di energia psichica sottile situati lungo la colonna vertebrale. Ciascuno di questi centri è connesso, a livello di energie sottili, ai gangli principali dei nervi che si ramificano dalla colonna vertebrale. In più i chakra sono correlati ai livelli della coscienza, agli elementi archetipici, alle fasi inerenti lo sviluppo della vita, ai colori, che sono strettamente legati ai Chakra, perché si trovano all'esterno del nostro corpo, ma all'interno dell'aura, vale a dire il campo elettromagnetico che avvolge ciascuna persona,ai suoni, alle funzioni del corpo e a molto, molto altro. La dottrina orientale che ne ha diffuso la conoscenza nel mondo occidentale considera i Chakra come aperture, porte di accesso all'essenza del corpo umano.
I chakra sono solitamente rappresentati dentro a un fiore di loto, con un numero variabile di petali aperti. I petali aperti rappresentano il chakra nella sua piena apertura. Su ogni petalo è scritta una delle cinquanta lettere dell'alfabeto sanscrito, le quali, sono considerate lettere sacre, quindi espressione divina. Ciascuna di esse esprime, inoltre, una diversa attività dell'essere umano, un suo diverso stato, sia manifesto, sia ancora potenziale. Ogni chakra risuona su una frequenza diversa che corrisponde ai colori dell'arcobaleno.
I sette Chakra principali corrispondono inoltre alle sette ghiandole principali del nostro sistema

endocrino. La loro funzione principale è quella di assorbire l'Energia Universale, metabolizzarla, scomporla e convogliarla lungo i canali energetici fino al sistema nervoso, alimentare le aure e rilasciare energia all'esterno. Quasi tutti li vedono come degli imbuti, che roteano e contemporaneamente fanno scorrere l'energia avanti e indietro. Ciascuno dei sette centri ha sia una componente (solitamente dominante) anteriore che una componente (solitamente meno dominante) posteriore, che sono collegati intimamente, fatta però eccezione per il primo e il settimo, che invece sono singoli. dal Secondo al quinto, l'aspetto anteriore si relaziona con i sentimenti e con le emozioni, mentre quello posteriore con la volontà. Per quanto riguarda il sesto anteriore e posteriore, e il settimo, la correlazione è con la mente e la ragione. Il primo e il settimo. hanno inoltre l'importantissima funzione di collegamento per l'essere umano: essendo i Chakra più esterni del canale energetico, essi hanno la caratteristica di porre in relazione l'uomo con l'Universo da un lato e con la Terra dall'altro. Il perfetto funzionamento del sistema energetico è sinonimo di buona salute. Per aprire i Chakra esistono molte tecniche diverse, tra le quali il Reiki si evidenzia per la sua peculiare dolcezza e per la possibilità di armonizzare eventuali scompensi energetici. Ogni centro sovraintende a determinati organi, e ha particolari funzioni a livello emotivo, psichico e spirituale. Tra i sette fondamentali, esistono delle precise affinità.

- Primo con Settimo: Energia di base con Energia spirituale.
- Secondo con Sesto: Energia del sentire a livello materiale con Energia del sentire a livello extrasensoriale.
- Terzo con Quinto: Energia della mente operativa e del potere personale con Energia della mente superiore e della comunicazione.
- Quarto: ponte tra i tre superiori ed i tre inferiori e fucina alchemica della trasformazione.

A ogni Chakra è associato un colore, che corrisponde e deriva dalla frequenza e dalla vibrazione del centro stesso. Inoltre a ogni Chakra corrisponde un mantra, il suono di una nota musicale e, in alcuni casi, anche un elemento naturale, un pianeta o un segno zodiacale. Poiché il sistema dei chakra è il centro d'elaborazione principale per ogni funzione del nostro essere, il bloccaggio o una insufficienza energetica nei chakra provoca solitamente disordini nel corpo, nella mente o nello spirito. Un difetto nel flusso di energia che attraversa il dato chakra provocherà un difetto nell'energia fornita alle parti connesse del corpo fisico, così come interesserà tutti i livelli dell'essere. Ciò perché un campo di energia è un'entità Olistica; ogni parte di esso interessa ogni altra parte. Gli oli essenziali sono in grado di sintonizzarsi con i chakra specifici: il loro profumo e la loro vibrazione ci mettono dolcemente in contatto profondo con i nostri centri energetici.

Il massaggio con specifici oli essenziali sui punti corrispondenti ai chakra, attiva ed equilibra la loro azione, armonizzando e rinforzando l'intero organismo.
Partendo dal basso sono:
- 1° = Muladhara
- 2° = Swadhisthana
- 3° = Manipura
- 4° = Anahata
- 5° = Vhishuddhi
- 6° = Ajna
- 7° = Sahasrara

Ciascuno dei sette chakra, inoltre, viene a rappresentare un'area importante della salute psichica umana, che possiamo brevemente riassumere come:
- 1 sopravvivenza
- 2 sessualità
- 3 forza
- 4 amore
- 5 comunicazione
- 6 intuizione
- 7 cognizione.

Metaforicamente i chakra sono in relazione ai seguenti elementi archetipici:
- 1 terra
- 2 acqua
- 3 fuoco
- 4 aria
- 5 suono
- 6 luce
- 7 pensiero.

Vishuddha - Quinto Chakra

Il quinto chakra, Vishuddha, il Chakra della Gola, si colloca nella gola all'altezza della tiroide. É il centro della capacità umana di esprimersi, comunicare e ispirarsi, la creatività intesa in senso sottile, il rapporto con i nostri sentimenti. È associato con la capacità di comunicazione e di espressione, sia a livello della parola che delle forme artistiche, in particolare musica, danza, recitazione. Il senso collegato con il quinto chakra è, non a caso, quello dell'udito. Attraverso le orecchie, percepiamo infatti le parole, la musica e il canto, espressioni artistiche che, tra l'altro, sono particolarmente terapeutiche. Il quinto chakra, che collega quelli inferiori con quelli corona, fungendo quindi da intermediario tra pensiero e sentimento, rappresenta allo stesso tempo anche l'espressione di tutti i chakra: infatti è tramite la parola, il riso e il pianto che diamo sfogo a idee, opinioni, sensazioni di tutti i tipi. Il loto a sedici petali, simbolo di questo chakra, contiene un cerchio giallo al cui interno è iscritto un triangolo bianco, con la punta rivolta verso il basso. Nella parte inferiore del cerchio, si trova un elefante grigio. Il colore dominante del quinto chakra è un blu/azzurro brillante, colore che induce alla tranquillità. Si relaziona con gusto, udito, olfatto.
Si sviluppa in età adulta e permette alla persona di esprimere se stesso (pensieri ed emozioni), di trovare la propria voce e di ascoltare gli altri. Permette all'individuo di entrare in risonanza con persone e luoghi. Quando il quinto chakra è aperto

e funzionante, l'essere umano è consapevole della responsabilità del proprio nutrimento in tutti i sensi: dal soddisfacimento dei propri bisogni materiali a quelli più spirituali e si comprende, quindi, di essere responsabili diretti di quanto si riceve e di quanto si assimila.

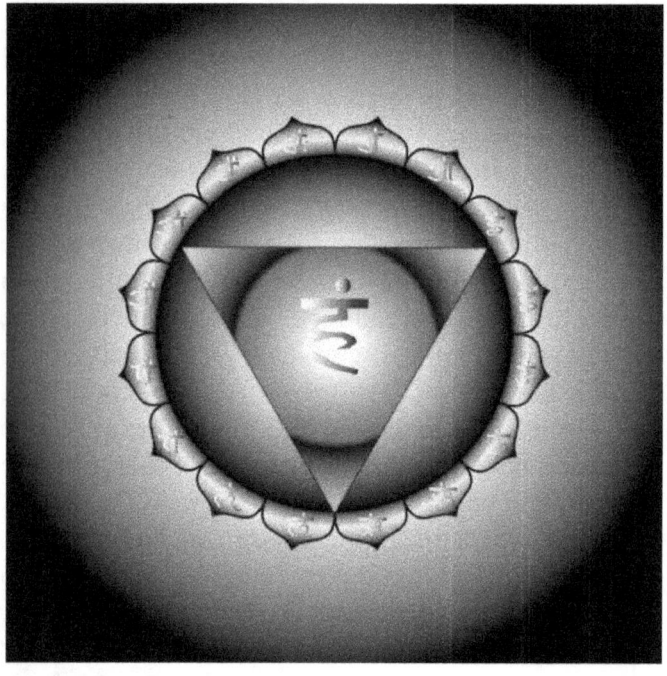

È la consapevolezza del proprio ruolo nella società e nel lavoro e ci si attiva per il massimo della soddisfazione. Se il quinto chakra non è armonico sorgo le paure che ciò che quanto si riceve dagli altri possa essere negativo (e, in genere non si attendono cose positive) ci si chiude al ricevere e all'assimilare divenendo in un moto istintivo di difesa potenzialmente aggressivi. Nel suo aspetto posteriore la disarmonia del chakra porta all'insorgere della paura del fallimento nella vita sociale e di lavoro. Porta alla nascita del complesso della vittima, al trincerarsi dietro all'orgoglio, come difesa degli insuccessi reali o ipotetici e al chiudersi ai contatti con gli altri per la paura di essere respinti. È il chakra della purificazione e della comunicazione che sono suono e vibrazione.

Proprio attraverso la consapevolezza profonda di questo chakra è possibile aprire la porta del cammino spirituale e, quindi, l'inizio del contatto con la parte più profonda di se stessi partendo proprio col comunicare con il proprio Io superiore.

La chiusura del quinto chakra crea inoltre riflessi negativi nell'espressione esteriore (comunicazione) con effetti fisici collaterali. Questo chakra si situerebbe a livello del pomo d'Adamo nell'uomo e nell'incavo della gola nella donna e sarebbe responsabile del funzionamento del collo, della lingua, della nuca, della bocca, delle orecchie, del naso, dei denti. Attraverso esso si attuerebbe la comunicazione con gli altri e con le divinità e sarebbe la fonte dei mantra che si cantano. A livello fisiologico, controllerebbe il funzionamento della tiroide. Con il chakra aperto la persona comunicherebbe con voce chiara e ferma, mentre si chiuderebbe quando viene bloccata l'espressione della propria personalità e quando c'è insoddisfazione per il proprio lavoro o per i propri studi. La chiusura causerebbe mancanza di voce, torcicollo e malattie della gola e della tiroide.

Quando sviluppato, conferirebbe infatti il potere di esprimersi e parlare in modo estremamente persuasivo e convincente. É lo scambio, dare per ricevere. Nel Chakra della gola, la creatività del Chakra sacrale si unisce alle energie degli altri Chakra. Possiamo esprimere soltanto ciò che abbiamo in noi stessi, e una delle finalità del quinto Chakra è proprio quella di consentirci un certo spazio interiore, che ci permetta di riflettere sui nostri pensieri e comportamenti. Quando sviluppiamo il Chakra della gola, i nostri pensieri non saranno più dominati dalle emozioni o dalle sensazioni fisiche, il che rende quindi possibile una conoscenza oggettiva. Le patologie fisiche a esso correlate fanno riferimento alle malattie organiche o funzionali relative agli organi che governa.

Il timbro e il tono della voce sono manifestazioni delle energie del quinto Chakra: tanto più la voce è armonica, piena e rotonda, tanto più questo centro sarà in equilibrio. Le patologie di tipo psichico che fanno riferimento a vishudda sono tutte riferite alla capacità di comunicare, non solo verso l'esterno, ma anche verso la propria interiorità; è tramite questo Chakra che si realizza la comunicazione tra mente e corpo; perciò le cosiddette malattie psicosomatiche possono anche - Le pietre collegate con il quinto Chakra sono: Sodalite, Lapislazzuli, Turchese, Larimar, Tormalina Blu Indicolite, Calcedonio, Topazio Blu, Celestina, Acquamarina, Crisocolla, Labradorite, Calcite Verde e Calcite Blu. È localizzato nella gola ed è «puro», come dice il suo nome, poiché ormai lo yogin nel suo cammino di ascesa e di riattivazione dei chakra si è purificato. Vishuddha appare come un loto di colore porpora, secondo lo Shritattvacintamani, turchese, secondo altre scuole più recenti, con sedici petali su cui sono rappresentate le sedici vocali dell'alfabeto sanscrito: a (breve), a (lunga), i (breve), i (lunga), u (breve), u (lunga), r (considerata vocale, breve), r (lunga), l (considerata vocale, breve), l (lunga), e, ai, o, au, n (quale nasalizzazione), h (quale mezza aspirazione). L'elemento correlato è l'etere (anche nel senso di spazio), rappresentato da un mandala circolare bianco come la luna piena.

L'organo di senso rapportato al vishuddha è l'orecchio, sede dell'udito, mentre l'organo di azione è la bocca. La caratteristica principale di questo chakra è il vuoto, per cui la concentrazione operata sul vishuddha realizza il vuoto.

Il bijamantra «ham», cioè la lettera «ha» nasalizzata, è quello della regione eterea, rappresentato come un dio dal colore bianco niveo, con quattro braccia, con il nodo e il pungolo in due mani e le altre due atteggiate nel gesto che dissipa la paura e in quello che elargisce doni, seduto su un elefante bianco. Esattamente nel punto dove gli yogin collocano il chakra si trova un'importantissima ghiandola, la tiroide, con annesse quattro piccole ghiandole, le paratiroidi.

Inoltre, uguale collocazione topografica hanno, nella parte più interna della gola, le corde vocali sede dei suoni articolati ovvero della parola e della capacità di linguaggio che è l'espressione cosciente del concetto. La tiroide, di derivazione endodermica, si sviluppa dal pavimento della faringe primitiva le cui cellule, a uno stadio molto precoce dell'evoluzione dei vertebrati, avevano acquistato la capacità di captare lo iodio sciolto nei liquidi dell'organismo.

Il peduncolo, che nell'embrione unisce la tiroide al pavimento della faringe, di solito scompare nell'adulto. In alcune specie di elasmobranchi (classe di pesci) permane tuttavia un dotto che si apre nel pavimento della faringe. A più riprese gli yogin parlano della possibilità di «riattivare vecchi circuiti energetici» e molto spesso nel percorso filogenetico si trovano «passaggi», «collegamenti» ormai persi, ma che un tempo hanno avuto significato funzionale. Gli ormoni della tiroide sono di due tipi: iodio-tironine e calcitonina.

Tramite le iodio-tironine la tiroide regola tutti i processi metabolici e gli scambi energetici, in particolare attraverso il metabolismo dei glicidi (gli zuccheri). Il cervello utilizza per le sue funzioni quasi unicamente glicidi. La tiroide influenza la crescita corporea e, in particolare, lo sviluppo del cervello, aumentando, per esempio, il numero delle sinapsi, cioè dei collegamenti tra cellule nervose. Inoltre, influenza lo sviluppo sessuale. Le iodio-tironine esplicano la loro funzione mediante la captazione di iodio che viene legato a particolari aminoacidi nel surrene. La capacità di accumulare iodio è presente già in alcuni tipi di alghe marine e viene poi sviluppata dai primi vertebrati. Nei rettili è tale elemento a influenzare la muta dell'epidermide (trasformazione di stato). Negli anfibi la tiroide determina la possibilità di metamorfosi. Nei mammiferi la tiroide permette di completare armonicamente la crescita. Nell'uomo permette di raggiungere un normale livello intellettivo, di sviluppare la coscienza.

Lo iodio è presente fondamentalmente nell'acqua di mare, utero primordiale della vita. La carenza di iodio comporta, infatti, anche una mancata maturazione sessuale, cioè un blocco dell'attività del secondo chakra. Inoltre, anche il cortico surrene è legato alla memoria e all'apprendimento. La possibilità di catturare calcio dal mondo esterno e farlo proprio è, infatti, primitivamente legata al rene che è in grado di attivare la vitamina D, permettendole di legare il calcio nell'intestino. Il destino del calcio, in seguito, è invece diretto dalla tiroide. Questa ghiandola, tramite le iodio-tironine, sembra quindi guidare e regolare, ovvero essere alla base di un passaggio a una tappa successiva dello sviluppo psico-fisico. Tramite la calcitonina la tiroide ha effetto ipocalcemizzante e ipofosforemizzante: inibisce, cioè, il riassorbimento osseo e rallenta la degradazione del collagene scheletrico (che comporta la diminuzione dell'idrossiprolina nelle urine). Inibisce la perdita di calcio. Favorisce, cioè, la stabilità dell'osso dirigendo il calcio dal sangue (ipocalcemia) verso l'osso e trattenendolo a livello renale. Per quanto riguarda invece le paratiroidi, il loro ormone si chiama paratormone (PTH). Esso ha un'azione complementare alla calcitonina, cioè ipercalcemizzante. Regola la distribuzione di calcio e di fosforo nelle ossa (idrossiapatite di calcio). Promuove l'attività di riassorbimento dell'osso, nel senso che, se nel sangue c'è un tasso basso di calcio, il PTH lo preleva dalle ossa e lo dirige nel sangue. Inoltre, ne favorisce l'assorbimento dall'ambiente esterno. Il PTH, infatti, media la sintesi di vitamina D «attivata. Ogni giorno 700-800 mg. di calcio possono uscire o entrare nelle ossa. La vitamina D, attivata e trasmessa all'intestino, permette l'assorbimento di calcio e fosfati, il cui successivo destino viene regolato dalla calcitonina e dal PTH.

Nell'uomo, con l'avanzare dell'età, vi è una progressiva riduzione della calcemia, dell'assorbimento intestinale del calcio e della calcitonina, e un aumento del PTH che tenta di ristabilire la calcemia. Ciò determina una progressiva osteoporosi, una rarefazione della materia, forse una preparazione a un passaggio verso una dimensione più spirituale? Esaminando le funzioni che contraddistinguono queste ghiandole, possiamo dire che la tiroide e le paratiroidi governano la «stabilità» della materia corporea, la sua maggiore o minore «materializzazione» verso la sintesi di tessuti, o energizzazione verso l'apparizione e la stabilizzazione delle facoltà intellettive e la creazione di idee, permettendo così all'uomo di esprimere coscienza e autocoscienza.

Rappresentano, cioè, un punto nodale di passaggio di energia dal basso verso l'alto e viceversa e di esteriorizzazione di questa energia trasformata (ad esempio, la formulazione di idee), proprio come avevamo visto accadere esaminando le funzioni espresse dalla simbologia del chakra corrispondente. L'aspetto anteriore del quinto chakra riguarda l'espressione e la comunicazione, ma anche la capacità di assumersi le responsabilità delle proprie azioni e delle proprie. Il malfunzionamento di questo quinto chakra può indicare la paura di ricevere critiche dagli altri o il non riuscire ad accettarle senza saperle affrontare o senza essere in grado di farlo con diplomazia. Le condizioni di questo chakra ci informa sulle facoltà di far conoscere agli altri quello che sappiamo, oltre al nostro valore e alla nostra personalità.

L'aspetto posteriore del quinto chakra riflette la nostra capacità di ricevere, l'immagine che abbiamo di noi stessi, la sicurezza o l'insicurezza nel saper svolgere la propria professione e anche la soddisfazione che se ne trae. Attraverso questo quinto chakra si assimilano i pensieri, le idee e i concetti provenienti dagli altri. Se questo chakra è debole la persona potrebbe lasciarsi influenzare dalle opinioni altrui senza essere in grado di confrontarsi adeguatamente ponendo le proprie convinzioni a paragone, se invece è troppo forte, la persona potrà aprirsi con discernimento alle informazioni che arrivano dall'esterno.

Shiva

Shiva è una divinità maschile post-vedica erede diretta della divinità pre-aria, successivamente ripresa anche nei Veda, indicata con i nomi di Paśupati e Rudra. Fondamento, a partire dall'epoca Gupta, di sette mistiche a lui dedicate Shiva è divenuto, in età moderna, uno dei culti principali dell'Induismo. La figura di Shiva come una delle principali divinità hindu, Dio poliedrico, possessore di una elaborata mitologia e portatore di una metafisica sofisticata, prende corpo e si afferma con i Puraṇa, testi religioso-filosofici che espongono cosmologia e filosofia hindu attraverso le narrazioni delle storie, testi trascritti all'incirca fra il III e il XII secolo. Questo Shiva è il risultato di una progressione lenta ma ininterrotta, un'evoluzione in cui le caratteristiche del dio hanno finito per inglobare quelle di molti altri dèi, come Agni, Dio del fuoco, o Indra, Re del pantheon vedico, ma anche un vasto numero di divinità minori e locali connesse con il sesso, la morte e la fertilità. La funzione distruttrice di Rudra si erge ora a dimensioni cosmiche: Shiva non è più il collerico Rudra che nei Veda era implorato affinché non uccidesse uomini e bestiame: è il Grande Dio (Mahadeva) che distrugge l'intero universo, è Colui che salva il mondo ingoiando il veleno negli albori del tempo (Nilakaṇtha), è Colui che domina i cinque elementi (Panchanana).
Uno degli epiteti di Shiva è Hara, che letteralmente significa "Colui che porta via", "Colui che distrugge".

L'aspetto distruttivo, come già detto, è da ricercarsi nelle origini dell'Induismo, negli inni vedici più antichi, in cui era chiamato Rudra e dipinto come una deità terrifica e potente. In netta contrapposizione con il suo aspetto "distruttivo", Shiva è anche considerato una delle deità più benefiche tra tutti i Deva del pantheon induista.

Lo stesso aggettivo shiva letteralmente significa "favorevole", "propizio"; mentre altri due epiteti con cui è spessissimo invocato, Śankara e Sambu, significano rispettivamente "dispensatore di felicità" e "luogo di felicità".

Egli rappresenta il dio amico e generoso, sempre pronto a fornire sostegno e aiuto di qualsiasi natura ai suoi devoti, soprattutto nei momenti di maggiore difficoltà; il dio personale, onnipotente e sempre disponibile, pronto a intervenire in ogni momento; l'Universale, che per amore accorre in aiuto all'individuale; l'Amato perfetto, che non ha desideri se non la felicità dei devoti. Questa è anche una delle ragioni che spiegano l'enorme diffusione del culto di Shiva: egli concorre a tutti gli aspetti della vita dell'aspirante spirituale, qualunque sia il suo percorso, aiutandolo e supportandolo sia sul piano fisico sia su quello spirituale. Shiva è il Signore di tutti gli yogin (i praticanti dello yoga), l'asceta perfetto, simbolo del dominio sui sensi e sulla mente, eternamente immerso nella beatitudine (ananda) e nel samadhi.

È il signore dell'elevazione che dona ai devoti la forza necessaria per perseverare nella propria disciplina spirituale (sadhana); è il protettore degli eremiti, degli asceti, degli yogin, dei sadhu, di tutti quegli aspiranti spirituali che - con lo scopo di

indagare sulla Verità e conseguire così la liberazione (moksa) - hanno scelto come stile di vita la rinuncia all'individualità, al mondo, alla sua ricchezza e ai suoi piaceri.
In questa forma Egli prende i nomi di:
- Yogisvara, "Signore degli yogin"
- Sadasiva, "Shiva l'eterno"
- Parasiva, "Shiva supremo", da molte tradizioni considerata la Sua forma ultima.

Numerose icone e sculture lo ritraggono in questo particolare aspetto: perfettamente calmo e concentrato, raccolto in se stesso e immerso nella meditazione (dhyana), gli occhi chiusi per metà, con la schiena eretta, seduto nella posizione del loto. Shiva Yogisvara è dunque per eccellenza il Deva della meditazione e dell'ascesi mistica, perfetto, eternamente immobile, eternamente beato, eternamente cosciente di sé, il simbolo stesso della trascendenza e dell'Assoluto.

Questo è sicuramente uno degli aspetti che hanno reso Shiva una delle icone più popolari, diffuse e adorate all'interno dell'Induismo.

Come attivare il 5° chakra

- Guardate più spesso il cielo azzurro e durante le vacanze trascorrete quanto più tempo possibile sulle rive di un lago o del mare.
- Portate più azzurro nella vostra vita indossando vestiti di questo colore o arredando casa vostra.
- Curate le vostre capacità espressive, imparate nuove lingue o seguite corsi di retorica.
- Tenete un diario, mettete su carta ciò che vivete, vi opprime, vi fa gioire.
- Ascoltate regolarmente la musica in cui la voce è il punto centrale, ad esempio, canti corali, cantate o brani a cappella.
- La vocale "E" stimola il chakra perciò potete intonarlo meditando seduti.
- Imparate a esprimere la vostra opinione su altre persone, facendolo sempre in modo amichevole e cercando di attenervi sempre alla verità.
- Oli essenziali: eucalipto, menta piperita, canfora e zenzero stimolano il chakra.
- Pietre preziose: scegliete una delle seguenti pietre preziose: acquamarina, topazio, calcedonio, tormalina blu, turchese, azzurrite, lapislazzulo. Lasciate che l'energia della pietra nutra il vostro chakra, e poi tutto il vostro corpo, tenendola in mano o montandola su anello o collana.

Colore del quinto chakra

Il colore associato al 5° chakra o centro della gola è il blu, il colore della pace e della tranquillità. E' il colore associato alla protezione e anche al senso dell'infinito e dell'assoluto. Il blu è il colore del maestro che detiene i segreti della vita e pertanto ecco spiegata la sua associazione con il potere di rivelare il passato, il presente e il futuro, attraverso lo sviluppo dell'intuizione o "insegnamento interiore".
Ecco alcune associazioni riferite al colore blu:
- Blu chiaro: tendenza e sensibilità religiose.
- Blu pallido: devozione e ispirazione.
- Blu brillante: creatività artistica, intuizione.

Il blu è il colore del cielo, del mare, dell'infinito spazio e rappresenta, in opposizione al giallo, terra-madre, fisico, femminile, il cielo-padre, metafisico, maschile. Per i cinesi il blu è il colore dell'immortalità. Per la sua alta vibrazione, ha la capacità di allargare la nostra comprensione e di curare i disturbi che colpiscono gli organi sensoriali come occhi, naso, orecchi. Ha proprietà antisettiche, astringenti e anestetizzanti.
Per la sua alta vibrazione, ha la capacità di allargare la nostra comprensione e di curare i disturbi che colpiscono gli organi sensoriali come occhi, naso, orecchi. Ha proprietà antisettiche, astringenti e anestetizzanti. Si usa in tutti i sintomi che sviluppano calore e nei dolori: mal di gola, laringiti, raucedine, febbre, spasmi, reumatismi.

Nella scala dei colori il blu si contrappone al giallo che è il colore della terra e di tutto ciò che è corporeo. È tuttavia complementare all'arancione che ha caratteristiche simili perché è "femminile" e metafisico.

- Dal punto di vista fisiologico stimola il sistema parasimpatico, diminuisce la pressione arteriosa, il ritmo respiratorio e i battiti del cuore, è quindi indicato per chi soffre di pressione alta, tachicardia e palpitazioni.
- Ha inoltre effetti antispatici, rinfrescanti, analgesici, rilassanti.
- E' utile in tutti i casi in cui ci sia in atto un processo infiammatorio: mal di gola, raucedine, mal di denti, stomatiti ma anche arrossamenti e bruciature cutanee, punture di insetto e prurito cutaneo.
- Ottimo per sedare i dolori acuti, in particolare quelli articolari, e per ridurre gli stati febbrili.

Combatte l'agitazione sia fisica che mentale ed è quindi usato in psicoterapia per favorire rilassamento e distensione. Rappresenta l'intelletto, la verità, la fedeltà, la costanza, Il Blu è il colore della grande profondità, il principio femminile. E' il colore della calma, dell'infinito, della pace, della serenità emotiva e dell'armonia. Al contrario del colore rosso ha spiccate proprietà calmanti. Molto utile in caso di stress, nervosismo, ansia, insonnia, irritabilità e infiammazioni.

- Chi predilige il Blu è un individuo dai sentimenti profondi, pacato e con una forte capacità di trovare il proprio equilibrio interiore. E' una persona che fa degli ideali la sua arma vincente e trova la stabilità grazie al suo attaccamento alle tradizioni. Generalmente, la persona che ama il colore Blu tende a evitare ambienti particolarmente caotici e le persone iraconde.
- La persona che respinge il Blu è di solito ansiosa e ha la sensazione che le sue qualità siano poco apprezzate. Rifugge tutte le situazione che rendono la sua vita poco gratificante e tutti gli ambienti in cui non si sente in armonia. Tende a deprimersi se tutto ciò che lo circonda non è consono al suo modo di vedere e allo stile di vita che ha immaginato per sé.

Nell'abbigliamento è un colore che spegne le passioni violente e induce uno stato di calma: questo colore va indossato per affrontare le prove difficili della vita. Le persone che vestono di blu chiaro tendono all'introversione e a una certa chiusura esterna. Il bijamantra «ham», cioè la lettera «ha» nasalizzata, è quello della regione eterea, rappresentato come un dio dal colore bianco niveo, con quattro braccia, con il nodo e il pungolo in due mani e le altre due atteggiate nel gesto che dissipa la paura e in quello che elargisce doni, seduto su un elefante bianco. Esattamente nel punto dove gli yogin collocano il chakra si trova un'importantissima ghiandola, la tiroide, con annesse quattro piccole ghiandole, le paratiroidi. Inoltre, uguale collocazione topografica hanno, nella parte più interna della gola, le corde vocali sede dei suoni articolati ovvero della parola e della capacità di linguaggio che è l'espressione cosciente del concetto. La tiroide, di derivazione endodermica, si sviluppa dal pavimento della faringe primitiva le cui cellule, a uno stadio molto precoce dell'evoluzione dei vertebrati, avevano acquistato la capacità di captare lo iodio sciolto nei liquidi dell'organismo. Il peduncolo, che nell'embrione unisce la tiroide al pavimento della faringe, di solito scompare nell'adulto. In alcune specie di elasmobranchi (classe di pesci) permane tuttavia un dotto che si apre nel pavimento della faringe. A più riprese gli yogin parlano della possibilità di «riattivare vecchi circuiti energetici» e molto spesso nel percorso filogenetico si trovano «passaggi», «collegamenti» ormai persi, ma che un tempo hanno avuto significato funzionale. Gli ormoni della tiroide sono di due tipi: iodio-tironine e calcitonina. Tramite le iodio-tironine la tiroide regola tutti i processi metabolici e gli scambi energetici, in particolare attraverso il metabolismo dei glicidi (gli zuccheri). Il cervello utilizza per le sue funzioni quasi unicamente glicidi. La tiroide influenza la crescita corporea e, in particolare, lo sviluppo del cervello, aumentando, per esempio, il numero delle sinapsi, cioè dei collegamenti tra cellule nervose. Inoltre, influenza lo sviluppo sessuale. Le iodio-tironine esplicano la loro funzione mediante la captazione di iodio che viene legato a particolari aminoacidi nel surrene. La

capacità di accumulare iodio è presente già in alcuni tipi di alghe marine e viene poi sviluppata dai primi vertebrati. Nei rettili è tale elemento a influenzare la muta dell'epidermide (trasformazione di stato). Negli anfibi la tiroide determina la possibilità di metamorfosi.
Nei mammiferi la tiroide permette di completare armonicamente la crescita. Nell'uomo permette di raggiungere un normale livello intellettivo, di sviluppare la coscienza. Lo iodio è presente fondamentalmente nell'acqua di mare, utero primordiale della vita. La carenza di iodio comporta, infatti, anche una mancata maturazione sessuale, cioè un blocco dell'attività del secondo chakra. Inoltre, anche il cortico surrene è legato alla memoria e all'apprendimento. La possibilità di catturare calcio dal mondo esterno e farlo proprio è, infatti, primitivamente legata al rene che è in grado di attivare la vitamina D, permettendole di legare il calcio nell'intestino. Il destino del calcio, in seguito, è invece diretto dalla tiroide. Questa ghiandola, tramite le iodio-tironine, sembra quindi guidare e regolare, ovvero essere alla base di un passaggio a una tappa successiva dello sviluppo psico-fisico. Tramite la calcitonina la tiroide ha effetto ipocalcemizzante e ipofosforemizzante: inibisce, cioè, il riassorbimento osseo e rallenta la degradazione del collagene scheletrico, che comporta la diminuzione dell'idrossiprolina nelle urine. Inibisce la perdita di calcio. Favorisce, cioè, la stabilità dell'osso dirigendo il calcio dal sangue (ipocalcemia) verso l'osso e trattenendolo a livello renale. Per quanto riguarda invece le paratiroidi, il loro ormone si chiama paratormone (PTH). Esso

ha un'azione complementare alla calcitonina, cioè ipercalcemizzante. Regola la distribuzione di calcio e di fosforo nelle ossa (idrossiapatite di calcio). Promuove l'attività di riassorbimento dell'osso, nel senso che, se nel sangue c'è un tasso basso di calcio, il PTH lo preleva dalle ossa e lo dirige nel sangue. Inoltre, ne favorisce l'assorbimento dall'ambiente esterno. Il PTH, infatti, media la sintesi di vitamina D «attivata. Ogni giorno 700-800 mg. di calcio possono uscire o entrare nelle ossa. La vitamina D, attivata e trasmessa all'intestino, permette l'assorbimento di calcio e fosfati, il cui successivo destino viene regolato dalla calcitonina e dal PTH. Nell'uomo, con l'avanzare dell'età, vi è una progressiva riduzione della calcemia, dell'assorbimento intestinale del calcio e della calcitonina, e un aumento del PTH che tenta di ristabilire la calcemia. Ciò determina una progressiva osteoporosi, una rarefazione della materia, forse una preparazione a un passaggio verso una dimensione più spirituale? Esaminando le funzioni che contraddistinguono queste ghiandole, possiamo dire che la tiroide e le paratiroidi governano la «stabilità» della materia corporea, la sua maggiore o minore «materializzazione» verso la sintesi di tessuti, o energizzazione verso l'apparizione e la stabilizzazione delle facoltà intellettive e la creazione di idee, permettendo così all'uomo di esprimere coscienza e autocoscienza. Rappresentano, cioè, un punto nodale di passaggio di energia dal basso verso l'alto e viceversa e di esteriorizzazione di questa energia trasformata (ad esempio, la formulazione di idee), proprio come avevamo visto accadere esaminando le funzioni espresse dalla simbologia del chakra corrispondente. L'aspetto anteriore del quinto chakra riguarda l'espressione e la comunicazione, ma anche la capacità di assumersi le responsabilità delle proprie azioni e delle proprie. Il malfunzionamento di questo quinto chakra può indicare la paura di ricevere critiche dagli altri o il non riuscire ad accettarle senza saperle affrontare o senza essere in grado di farlo con diplomazia. Le condizioni di questo chakra ci informa sulle facoltà di far conoscere agli altri quello che sappiamo, oltre al nostro valore e alla nostra personalità. L'aspetto posteriore del quinto chakra riflette la nostra capacità di ricevere, l'immagine che abbiamo di noi stessi, la sicurezza o l'insicurezza nel saper svolgere la propria professione e anche la soddisfazione che se ne trae. Attraverso questo quinto chakra si assimilano i pensieri, le idee e i concetti provenienti dagli altri. Se questo chakra è debole la persona potrebbe lasciarsi influenzare dalle opinioni altrui senza essere in grado di confrontarsi adeguatamente ponendo le proprie convinzioni a paragone, se invece è troppo forte, la persona potrà aprirsi con discernimento alle informazioni che arrivano dall'esterno.

- Se il colore risulta in eccesso ci sarà ansiosi, introversi, timidi, poco inclini a formare relazioni stabili, tendenti a sfuggire alla situazione, relazioni di lavori ritenuti poco gratificanti.
- Se il blu sarà in difetto si potrà essere pettegoli, critici, burberi, incapaci di

ascoltare, irritabili e permalosi. L'eccesso di energia potrebbe provocare: riduzione della frequenza cardiaca ed aumento della pressione, stanchezza, malinconia. Il difetto di energia blu potrebbe provocare febbre, dolori acuti prevalentemente scheletrici, dolori mestruali, aumento della frequenza cardiaca e riduzione della pressione, problemi alle vene.

Indicazioni:

- Agitazione, angoscia, ansia.
- Laringiti - La laringite può essere curata bevendo mezzo bicchiere d'acqua solarizzata blu ogni mezz'ora e facendo gargarismi con l'acqua restante, oppure applicando direttamente sulla gola luce blu.
- Infiammazioni - I raggi blu hanno potere penetrante e risultano eccellenti nel trattamento di disturbi infiammatori, esercitando in tal caso un'azione calmante e rinfrescante.
- Ipertensione - Il blu provoca la contrazione delle arterie, delle vene e dei capillari, elevando così la pressione sanguigna. Il colore agisce in modo particolare sul sangue, producendo un effetto tonico. Il blu è il colore che genera equilibrio e armonia; è in grado, quindi, di riportare il flusso sanguigno a livelli normali, quando il sangue risulta iperattivo e surriscaldato.

- Tachicardia - I raggi blu rallentano l'attività cardiaca e perciò sono indicati nei casi di tachicardia.
- Miopia - E' utile nella cura della miopia sia sul piano fisico sia psicologico, poiché spinge l'ego dell'individuo verso l'esterno, ampliandone il campo di orientamento e portandolo ad armonizzarsi con l'ambiente.
- Estetica - In estetica viene utilizzato prevalentemente in caso di pelle couperosica, sottile. Agisce nella pelle contratta, congestionata, nei pori dilatati.
- Pediatria - In pediatria la luce blu (non ultravioletta) è l'arma più potente per combattere l'itterizia dei neonati causata da accumulo di bilirubina. Prima della scoperta, del tutto casuale, dell'azione del fascio di luce blu, nei casi di itterizia neonatale, si doveva procedere alla trasfusione totale del sangue. Oggi la luce blu proiettata sulla culla, penetrando nell'epidermide, provoca la scomposizione della bilirubina nei vasi sanguigni e in tal modo la necessità della trasfusione è stata eliminata.

Controindicazioni:

- Depressione - E' stato verificato che dopo dieci minuti di trattamento con i raggi blu la maggior parte dei soggetti si sente stanca e depressa. Indumenti e arredi di colore blu, se a tinta unita e non spezzati da altri colori,

provocano nell'organismo spossatezza e depressione.
- Ipotensione.

Il blu viene impiegato prevalentemente in uffici e studi, in quanto favorisce i processi di apprendimento e il pensiero, e nelle camere da letto. Il blu è un colore magico, che incoraggia e al contempo rilassa, rasserena e ispira. Il blu può, ma non necessariamente, sembrare freddo: la pace trasmessa dal blu pallido evoca la vastità del cielo estivo e l'immagine di uno spazio infinito; l'elettrizzante vitalità dell'acquamarina e del cobalto invece ha un effetto stimolante e rinfrescante; il blu marine e il color jeans sono dei classici senza tempo. Alcune tonalità di blu sembrano più fredde di altre, soprattutto se si combinano diversi toni di blu in una stanza. Effetti più caldi si ottengono con toni naturali come il blu Matisse, Savoia, turchese, oltremare o lilla. Non evitate il blu solo per paura che renda l'ambiente troppo freddo. Esistono toni di blu che invitano alla meditazione, che danno un senso di vastità e vitalità o raffinatezza. Ispiratevi alla bellezza dei fiori e lasciate spazio alla quiete della natura; prendete spunto dai paesi del sud, dal blu intenso del cielo e del mare, dai toni più chiari tipici dei paesi di pescatori in Grecia e delle isole caraibiche e dall'azzurro dominante nel Mediterraneo. Queste tonalità di blu emanano un calore naturale ed evocano il sole e la luce intensa del sud. Un ambiente blu rappresenta inoltre capacità di apprendimento e comprensione. Uno studio dipinto di blu stimola quindi l'apprendimento e il pensiero. Il blu è particolarmente adatto per arredare la camera da letto, in quanto favorisce un sonno profondo e tranquillo. L'accostamento blu-bianco è un classico sempre azzeccato. Provate ad abbinare qualche tocco di arancione, colore complementare del blu: accanto al giallo, rosso e terracotta; questa combinazione rende subito più calde le tonalità di blu. Potete facilmente combinare anche il blu acciaio con un color crema, il blu Savoia con il verde smeraldo, il blu chiaro con il giallo primula, il color jeans con il salmone o il blu oltremare con il giallo oro.

Oli essenziali associati al quinto chakra

Cipresso, eucalipto, lavanda, menta, canfora, zenzero, alloro, camomilla, achillea, niaouli, neroli e origano attivano il quinto chakra.
Miscelare ogni singolo olio essenziale con un olio vettore, ad esempio olio di jojoba o di mandorle, nel rapporto di 2 gocce per cucchiaio di olio vettore, quindi 2 gocce ogni 10 ml di vettore. Essendo questo un "trattamento vibrazionale" una miscela molto diluita avrà un'azione più profonda e marcata. Massaggiare il chakra su cui si vuole lavorare con la miscela contenente l'olio essenziale scelto. Utilizzare poche gocce e applicarle lentamente con la punta delle dita e con un movimento circolare in senso orario. Mentre si massaggia il Chakra focalizzarsi sul risultato che si vuole ottenere, visualizzando l'energia armonica dell'olio mentre apre e riequilibra il chakra. Dopo il trattamento rimanere distesi e rilassati per un po', permettendo al Chakra di riequilibrarsi. Respirare profondamente e lentamente, cercando di liberare e svuotare la mente il più possibile.
In alternativa al massaggio, aggiungere qualche goccia dell'olio essenziale scelto per il trattamento al diffusore di essenze. Concentrarsi e focalizzarsi sulla propria intenzione terapeutica, visualizzare l'energia aromaterapica dell'olio essenziale, aprire e riequilibrare il chakra. Rilassarsi per almeno una mezzora.

Cipresso

L'olio essenziale di cipresso è un olio molto profumato di colore giallo-verdino. Ha un odore piuttosto dolce, balsamico, con note legnose. Le sue proprietà benefiche sono molteplici. Ha proprietà curative contro le emorroidi, fragilità capillare, edemi e reumatismi. Apporta benefici a chi soffre di bronchite, tosse e pertosse. L'olio di cipresso ha inoltre proprietà antisettiche e antispasmodiche. Ed è un valido aiuto anche contro i capelli grassi, l'acne e il sudore eccessivo. È ideale per chi soffre di cellulite e ritenzione idrica. Le sue proprietà curative si possano sfruttare nei momenti di perdita di spazi e ordine a livello fisico e psichico. L'essenza di cipresso aiuta a ripristinare la forma, l'ordine ovvero la struttura originale.

Proprietà fisiche: il cipresso si può utilizzare per le seguenti problematiche: cellulite, acne, couperose, emorroidi, vene varicose. Il cipresso previene le allergie da pollini e dona sollievo in caso di tosse (anche combinandolo all'olio essenziale di cedro). D'inverno è ideale come profumo d'ambiente, perché previene gli effetti negativi dell'aria secca.

Proprietà psichiche: In caso di stress emotivo aiuta a ritrovare la forza nella psiche e nel corpo e ripristina la comprensione e la struttura interiore. Inoltre, aumenta la concentrazione e la serenità, soprattutto nelle persone distratte. L'applicazione è consigliabile con alcune gocce di cipresso nell'olio di base per il massaggio della schiena.

Da 70 kg di rami di cipresso si ottiene 1 kg di olio essenziale. In ambito cristiano, il cipresso, insieme alla palma, al cedro e all'ulivo, è ritenuto uno dei quattro legni con cui fu costruita la croce di Gesù.
Come antidepressivo, se inalato ha un'azione riequilibrante generale sul sistema nervoso, addolcisce i cambiamenti e aiuta a superare la depressione, che deriva dalla perdita di persone care e la fine di una storia d'amore. Vaporizzato in casa, 1-2 gocce per metro quadro della stanza, può aiutare a superare momenti di stress o di leggero e momentaneo esaurimento mentale.
Come bagno tonificante, versare 10 gocce nell'acqua della vasca, emulsionare agitando forte l'acqua, quindi immergersi per 10 minuti per usufruire dell'azione decongestionante per il sistema circolatorio e linfatico. Se si preferisce la doccia, versarne 4 o 5 gocce su un guanto di spugna bagnato, eventualmente diluito in un po' di detergente liquido neutro, e frizionare per almeno 5 minuti.

Controindicazioni: Si sconsiglia l'uso interno dell'olio essenziale in gravidanza, allattamento e in donne iperestrogeniche. L'essenza di cipresso è molto potente e va usata in piccole quantità.

Eucalipto

In generale, il suo profumo dona benessere e richiama sensazioni positive, una caratteristica che ne rende popolare l'impiego in aromaterapia. La diffusione di olio essenziale di eucalipto nell'aria permette di contrastare i germi presenti in casa durante i periodi di malattia, ad esempio influenza e raffreddore. Utilizzato per i massaggi può contribuire a migliorare la circolazione del sangue e favorire la vasodilatazione. L'olio essenziale di eucalipto può essere indicato anche in caso di acne e herpes labiale. Viene impiegato per la preparazione di collutori adatti a disinfettare il cavo orale. Infine, le sue proprietà rinfrescanti e antibatteriche lo rendono adatto durante la sauna e il bagno turco. Il suo nome botanico deriva dal greco Eucalyptos che significa "nascosto bene", "chiuso", questo probabilmente perché i fiori, privi di petali e protetti da una membrana, restano nascosti sino alla fioritura. In Australia, le antiche popolazioni aborigene ben conoscevano le virtù terapeutiche di questa pianta che consideravano una specie di panacea. Ancora oggi gode di grande favore presso la popolazione multietnica che ormai vive nel continente. Nelle aree paludose, ad alta concentrazione di zanzare, veniva piantato con l'intento di bonificarle; questo grazie alla sua capacità di assorbire grandi quantità d'acqua.

L'olio essenziale che evapora d'estate dalle sue foglie, provoca un effetto ottico simile a un alone di colore blu che avvolge le piante.

Da qui nasce l'espressione "le foreste blu australiane". Dopo la distillazione, l'olio essenziale è verde-giallognolo; in commercio di trova anche l'olio essenziale rettificato, in cui vengono rimossi gli aldeidi, e in questo caso l'olio si presenta incolore.

L'olio essenziale di eucalipto se inalato aiuta a recuperare concentrazione e freschezza nei momenti di disordine e di torpore. Sul piano psichico, infatti, l'eucalipto è una doccia fredda per chi cade facile preda dell'eccitazione. La sua energia dalla valenza molto intellettuale favorisce, l'apprendimento e il desiderio di evolversi nelle persone pigre e svogliate, è di aiuto in caso d'inerzia, indolenza, difficoltà di concentrazione e mancanza di interesse nel lavoro intellettuale.

Tonificante in caso insufficienza circolatoria. Come tutti gli oli essenziali balsamici, in uso esterno, ha proprietà stimolanti sul sistema circolatorio. Diluito in olio di mandorle e massaggiato sugli arti inferiori, è un vero toccasana per piedi, caviglie e gambe stanche o gonfie in quanto riattiva la circolazione e rinfresca; consigliato soprattutto durante la stagione estiva.

Come bagno tonificante, aggiungere 5 gocce di olio essenziale di eucalipto nella vasca, emulsionate in un cucchiaio di latte.

Uso interno: 2 gocce di olio essenziale di eucalipto in un cucchiaino di miele a stomaco pieno, è utile per curare i disturbi delle vie aeree superiori. Non usare per uso interno sotto i 12 anni.

Controindicazioni: in presenza di infiammazioni gastrointestinali, può dar luogo a fenomeni d'intolleranza all'apparato digerente. Per questo motivo se ne sconsiglia l'assunzione per via orale alle persone soggette a disturbi gastrici, ai bambini, in gravidanza e allattamento. In uso esterno alti dosaggi possono provocare cefalea, e in alcuni casi crisi convulsive. L'ingestione orale di cinque millilitri di eucalipto potrebbe rivelarsi letale.

Lavanda

Originaria dell'Europa meridionale e occidentale, quella provenzale è la più famosa; fu pianta preziosa già per gli antichi Romani che mettevano mazzetti di fiori nell'acqua dei bagni termali. I fiori alquanto profumati, sono raggruppati in sottili spighe blu violette. La lavanda veniva utilizzata già allora come base per raffinati profumi e per preparare decotti e infusi usati per la bellezza della pelle e dei capelli. In un passato più recente sappiamo che in ogni casa di città o di campagna non c'era armadio o cassettone che non avesse sacchettini di lavanda per profumare la biancheria e tenere lontane le tarme. Questa delicata consuetudine sta tornando ora di moda e ci ricorda antiche tradizioni e sensazioni di pulizia e cura per la casa. L'olio essenziale di lavanda ha uso sia esterno sia interno. Unito a creme, oppure facendone cadere qualche goccia nell'acqua del bagno ben calda, oppure ancora applicato direttamente sulla pelle per massaggi, aiuta la purificazione delle epidermidi grasse e impure, facilita la cicatrizzazione di piaghe, abrasioni e ferite, stimola la circolazione, specie quella del cuoio capelluto. L'aroma emanato dall'olio essenziale di lavanda è rilassante e sedativo.
Se inalato, esercita un'azione riequilibratrice del sistema nervoso centrale, essendo contemporaneamente tonico e sedativo; calma l'ansia, l'agitazione, il nervosismo; allevia il mal di testa e i disturbi causati dallo stress; aiuta a prendere sonno in caso di insonnia.

Un rimedio naturale contro l'emicrania consiste nell'aggiungere 10 gocce di olio essenziale di lavanda e 2 gocce di olio essenziale di menta a un bicchierino (50 ml) di olio vegetale. Frizionare le tempie con un massaggio circolare usando questo composto. Chi soffre di mal di testa cronico può farlo 2 o 3 volte al giorno. L'olio essenziale di lavanda è anche un rimedio naturale contro l'otite. Aggiungere a 2 cucchiai di olio vegetale, 2 gocce di olio essenziale di lavanda, 2 gocce di olio essenziale di eucalipto radiata e 2 gocce di melaleuca. Frizionare e massaggiare delicatamente intorno alle orecchie.

Come bagno tonificante, versare 10 gocce nell'acqua della vasca, emulsionare agitando forte l'acqua, quindi immergersi per 10 minuti per usufruire dell'azione decongestionante per il sistema muscolare e per dolori reumatici e articolari.

Controindicazioni: L'olio essenziale di lavanda non ha particolari controindicazioni. Tuttavia si ricorda sempre di utilizzarlo per via inalatoria o in frizione e, in caso di dubbi, consultare sempre il medico prima di utilizzarlo. È bene ricordarsi, infatti, che l'olio essenziale, per quanto sia considerato sicuro, potrebbe avere alcune controindicazioni se utilizzato in maniera impropria o eccessiva. Il consulto del medico o dell'erborista quindi, deve essere richiesto. L'olio essenziale di lavanda è uno dei pochi oli di questa famiglia che può essere utilizzato anche puro, anche se è sempre consigliato diluirlo in acqua, creme o gel.

Menta

Come antistress, se inalato, ha un effetto rinfrescante e rigenerante sulla psiche. Viene efficacemente impiegato per favorire la concentrazione durante lo studio per esami, o per migliorare il rendimento in ufficio. L'olio essenziale di menta svolge inoltre un'azione tonificante, utile in caso di affaticamento psico-fisico e problemi di tipo neurovegetativo, dovuti a stati di stress, come ansia, insonnia, depressione.

Diffusione ambientale: versare 1 goccia di olio essenziale di menta, per ogni mq dell'ambiente in cui si diffonde, mediante bruciatore di oli essenziali o nell'acqua degli umidificatori dei termosifoni, per un effetto rigenerante e purificante negli ambienti dei fumatori e nelle stanze di chi studia.

Controindicazioni: Non applicare l'olio essenziale di menta allo stato puro sulla pelle, ma mescolarla sempre con un olio di base (olio di Jojoba, olio di mandorle dolci). Non è adatto ai bambini di età inferiore ai 12 anni. E' opportuno che chi segue una cura omeopatica eviti l'uso dell'olio essenziale di menta piperita, perché si potrebbero verificare delle interazioni. Fare attenzione agli occhi, in quanto è altamente irritante per le mucose. Non superare le dosi, consigliate.

Canfora

L'olio essenziale di canfora è utilizzato in aromaterapia principalmente per le sue proprietà antinfiammatorie e balsamiche che trovano impiego in caso di dolori reumatici, strappi muscolari, malattie dell'apparato respiratorio, febbre, debolezza circolatoria, reumatismi, angina pectoris, stati di shock e disturbi cutanei. Un tempo si pensava che calmasse i desideri sessuali, per cui i monaci, per meglio osservare il voto di castità, ne portavano un sacchettino appeso al collo. Originario della Cina e in Giappone, è diffuso anche in India, Indonesia e Ceylon. Dal legno della pianta si ottiene la canfora grezza (sotto forma di cristalli solubili in alcol e olio) che viene poi raffinata per successive sublimazioni, mediante distillatore. Attenzione, l'olio canforato non è un olio essenziale. È un olio da massaggio con proprietà antidolorifiche, composto di canfora e una base di olio che può essere di vari tipi, e può essere usato per massaggiare le parti del corpo indolenzite o che abbiano subito una contusione.

- Parte utilizzata: corteccia.
- Metodo di estrazione: distillazione in corrente di vapore.
- Nota di testa, profumo acre e pungente.

Stimolante: sul sistema circolatorio, svolge un'azione tonificante, utile in caso di stanchezza, pressione bassa, astenia. Se ne consiglia l'impiego per inalazione al mattino, per una sferzata di energia. Aiuta a rinvenire in caso di svenimento o collasso e stati di shock.

Olio distensivo: diluito 10 gocce in 100 ml di olio di mandorle dolci, aiuta a distendere i muscoli affaticati o doloranti, e ad alleviare i reumatismi e dolori articolari, ecchimosi, contusioni, slogature, crampi o tensioni muscolari. Usare quest'olio per massaggiare la zona dolorante, due o tre volte al giorno, facendolo assorbire completamente.

Bagno tonificante: in presenza di disturbi reumatici, versare 10 gocce di olio essenziale di canfora nella vasca da bagno e rimanere immersi per circa 20 minuti, per usufruire della sua azione stimolante sulla circolazione. Poi riposare al caldo in modo da non sovraffaticare il sistema circolatorio.

Controindicazioni: Come molti oli essenziali l'essenza di canfora è tossico a dosaggio elevato, non usare in gravidanza o da parte di soggetti con tendenza epilettica.

Zenzero

Il piccante e saporito zenzero ci regala l'olio essenziale di zenzero: tonificante e afrodisiaco, con benefiche azioni su tutto l'organismo. Conosciuto per le sue numerose proprietà, è utile in caso di nausea, ansia, mal di testa e raffreddore. L'olio essenziale di zenzero è visto anche come un ottimo rimedio naturale contro la cellulite.

Lo zenzero viene utilizzato in Oriente da millenni, sia per aromatizzare e insaporire i cibi, sia come rimedio medicamentoso per svariati disturbi. In Thailandia vengono applicate compresse e impacchi di radice di zenzero, pestata e mescolata con altre erbe, per gli stati dolorosi articolari e muscolari molto frequenti negli ambienti della Muay Thai, l'arte della boxe tailandese.

Lo zenzero è anche impiegato per il suo potere dinamizzante ed energizzante, in tutte le condizioni di debolezza ed esaurimento fisico. Lo zenzero è un forte stimolante sessuale maschile.

Tonificante sull'intero organismo: se inalato, riequilibra le energie che non sono in armonia. Aiuta a svegliare e scaldare i sensi sopiti, migliora la concentrazione e la capacità di discernimento. A livello aromaterapico, l'essenza dello zenzero agisce contro la stanchezza, la debolezza e l'esaurimento nervoso; dona coraggio e aiuta a reagire eliminando confusione e disperazione. Stimola l'apertura verso l'esterno, generando nuovi interessi. A livello mentale, favorisce la concentrazione e aiuta a sciogliere i nodi psicologici. E' un'essenza che dona energia e vitalità.

Controindicazioni: Nessuna controindicazione. Tuttavia prima di assumere il prodotto per uso interno, consultate un erborista; come tutti gli oli essenziali, infatti, può risultare irritante per le mucose. L'olio essenziale di zenzero è fotosensibile e, in caso di applicazione cutanea, è sconsigliata l'esposizione al sole nelle 12 ore seguenti. Inoltre, dato che promuove il rilascio della bile, l'olio essenziale di zenzero non è consigliato a coloro che soffrono di calcoli biliari. Si consiglia di non impiegarlo per ridurre la nausea in gravidanza e puro sulla pelle.

Alloro

L'olio di alloro è un vero stimolante, rinforza la capacità di concentrazione e la memoria e placa ansia e paure. Per questo è molto utile in caso di esaurimento, stanchezza e stress. Fa bene anche all'ambiente: mettendone una goccia nel bruciatore di olii essenziali aiuta a eliminare gli insetti. Per gli Antichi era l'albero consacrato al Sole-Apollo, le sue foglie coronavano il capo di eroi, geni e saggi. I Greci, infatti, pensavano che le sue foglie avessero il potere di comunicare il dono della divinazione, di allontanare la malasorte e le malattie contagiose. A Delfi, sede dell'oracolo di Apollo, i sacerdoti del dio e la pizia masticavano o bruciavano foglie di Alloro per stabilire la comunicazione con gli Dei e dormivano su "materassi" fatti di strati dei suoi fuscelli, per favorire i sogni premonitori. A Roma era considerato il segno del trionfo, tanto che i generali vittoriosi ne indossavano una corona fatta con le sue fronde, quando venivano festeggiati sul Campidoglio. Si narra, infatti, che fu Giove stesso a donarla a Cesare per celebrare le vittorie dell'imperatore. Questo olio essenziale appartiene al gruppo delle note di cuore e le sue molteplici proprietà, antisettico, espettorante, antireumatico, digestivo, ne consigliano l'uso soprattutto nelle affezioni dei sistemi respiratorio e digerente. L'olio essenziale di alloro è composto per il 45% da eucaliptolo. E' per questo che diluendo tale olio essenziale in un buon olio vettore, si può ottenere un effetto calmante per dolori muscolari e spasmi.

L'estrazione dell'olio essenziale di alloro presenta una discreta resa. Da 30 kg di materia prima si ottengono circa 700 ml di idrolato e 45 ml di olio essenziale.

- Parte utilizzata: foglie.
- Metodo di estrazione: distillazione in corrente di vapore.
- Nota di cuore: profumo erbaceo, fruttato, fresco, leggermente balsamico.

Stimolante: se inalato attiva l'energia dolcemente, rafforza la capacità di concentrazione e la memoria; sviluppa la creatività; placa le paure e l'ansia da esame. Quando manca la fiducia in se stessi, si ha paura di parlare in pubblico, paura di non essere all'altezza o di non riuscire a realizzare i propri obiettivi: favorisce la consapevolezza psichica e l'intuizione, "rendendo possibile l'impossibile". Utile in caso di esaurimento, stanchezza e stress.

Controindicazioni: L'olio essenziale di alloro è controindicato in gravidanza e va usato con moderazione, perché ad alti dosaggi può risultare narcotico o provocare dermatiti. Per quanto agisca anche sull'apparato digerente è consigliabile assumerlo solamente per via esterna, dato che assunto per via orale può avere effetti narcotici. In nessun caso bisogna invece assumere le bacche, in quanto contengono sostanze tossiche che causano la distruzione dei globuli bianchi.

Camomilla

L'olio essenziale di Camomilla è conosciuto soprattutto per le sue proprietà antinfiammatorie, oltre a essere un ottimo antibatterico, antisettico e un disinfettante. E' quindi utile in caso di reumatismi che per infiammazioni esterne. L'olio essenziale di Camomilla viene inoltre utilizzato nel trattamento delle scottature, comprese le scottature solari, la psoriasi, l'eczema, l'asma, la diarrea e gli strappi muscolari. La conoscenza della camomilla e dei suoi salutare effetti si perde nella notte dei tempi. Menzionata negli erbari assiri, era detta in Mesopotamia Kurban-ekli, "il dono dei prati". In Egitto era venerata per le sue virtù e tale era la fiducia nelle sue proprietà di scacciare le febbri, che era consacrata al dio Sole, Horus. Occorre quasi 1 tonnellata di fiori per ricavare 2 kg di quest'olio pregiato e delicato; il colore blu intenso, che lo caratterizza è dovuto all'alta percentuale di azulene, un principio attivo dalla potente azione antinfiammatoria e lenitiva.

- Parte utilizzata: capolini e parte della pianta.
- Metodo di estrazione: distillazione in corrente di vapore.
- Nota di cuore: profumo dolce erbaceo, dolce.

Rilassante: se inalato è un eccellente calmante in grado di aiutare persone colleriche e impulsive a non reagire in modo esagerato rispetto al contesto. Favorisce l'equilibrio interiore; aiuta ad elaborare le esperienze sia fisiche che psichiche. A livello emotivo è indicato in caso di stress, agitazione, mal di testa, insonnia, per gli attacchi di panico e le crisi di ansia e disturbi del sonno dei bambini.

Diffusione ambientale: 1 goccia di olio essenziale di camomilla, per ogni mq dell'ambiente in cui si diffonde, mediante bruciatore di oli essenziali o nell'acqua degli umidificatori dei termosifoni, in presenza, nei disturbi emotivi causati da stress, cefalea, tensione nervosa.

Bagno tonificante: Per favorire il sonno preparare una vasca d'acqua calda, aggiungere 10 gocce di olio essenziale di Camomilla e immergersi per un quarto d'ora, inspirando il vapore.

Controindicazioni: Nonostante l'olio essenziale di camomilla sia quasi privo di tossicità alle dosi consigliate, come tutti gli oli essenziali è comunque da evitare in gravidanza. Sconsigliato l'uso ai soggetti sofferenti di diarrea.

Niaouli

Conosciuto per le sue numerose proprietà, svolge un'azione espettorante e antisettica, utile contro stress e mal di testa. L'essenza, che è in grado di arrestare il bacillo della tubercolosi, rientra farmacologicamente negli antisettici per distillazione nasale. Ha forti proprietà antisettiche, nelle bronchiti croniche, nelle tubercolosi polmonari, nelle riniti, sinusiti, otiti e nelle infezioni intestinali e urinarie.

In passato veniva utilizzato per depurare l'acqua. In Francia è conosciuto con il nome di Gomen, perché proveniva da Gomen, nelle Indie orientali.

Come rilassante è usato in aromaterapia per recuperare calma e serenità nei momenti di stress, specialmente quando il nervosismo agisce sulla psiche causando crisi di tensione e di mal di testa. Massaggiare le tempie con 2 gocce di l'olio balsamico, aiuta a superare il momento del dolore e a recuperare la serenità perduta.

Come espettorante, se inalato è un decongestionante utile in tutte le forme catarrali: aiuta a fluidificare ed eliminare il catarro in caso di raffreddore, sinusite e tosse. É inoltre indicato per curare le malattie del l'apparato respiratorio dei bambini poiché è molto delicato. Mettere 15 gocce di olio essenziale di Niaouly in 200 ml di olio di Mandorle dolci. Usare questa miscela per fare un massaggio sul petto, tre volte al giorno, e coprire con un panno caldo di lana. Mettere poi alcune gocce di olio essenziale di Niaouli nel bruciatore per essenze o in un umidificatore predisposto per le essenze. Mettere nel locale in cui riposa il malato.

Antinfettivo: grazie a questa proprietà l'essenza è efficace per difendere il corpo da infezioni che provocano febbre. Rinforza anche le difese cutanee contro batteri, virus e micosi. Unito a un olio vegetale è indicato in caso di prurito ed eczemi e punture d'insetto.

Diffusione ambientale: versare 1 goccia di olio essenziale di Niaouli per ogni mq dell'ambiente in cui si diffonde, mediante bruciatore di oli essenziali o nell'acqua degli umidificatori dei termosifoni, purificare l'aria e in caso di influenza, raffreddore e tosse.

Controindicazioni: Non esistono particolari controindicazioni all'uso dell'olio essenziale di Niaouli, che come tutti gli oli essenziali va però somministrato in uso interno solo sulle persone adulte e mai nel periodo della gravidanza. Non portare a contatto con gli occhi e le mucose. Non applicare puro sulla pelle.

Origano

Ricerche scientifiche hanno dimostrato che l'olio essenziale di origano possiede numerose proprietà e applicazioni in ambito medico e terapeutico, tanto da essere utilizzato in campo fitoterapico e omeopatico come potente antisettico, antivirale e antimicotico al pari della medicina e della farmacologia chimica tradizionale. Fondamentale è l'azione antibiotica in grado di sopprimere batteri come stafilococchi, micrococchi e bacilli al pari di antibiotici chimici come la penicillina, la streptomicina e la vancomicina. L'olio essenziale di Origano è il più potente antisettico tra tutti gli oli finora conosciuti ed è attivo contro tutte le forme virali. All'azione antisettica dell'olio essenziale di origano si accompagna un'azione antinfiammatoria e analgesica che i ricercatori equiparano a quella dell'oppio. Esso riesce, infatti, ad attivare, tramite determinati tipi di linfociti, il sistema anti-infiammatorio naturale, già presente all'interno del nostro organismo, risultando particolarmente adatto a combattere le infiammazioni articolari. Importante inoltre è il suo valore analgesico, riscaldante e lenitivo in grado di curare diverse affezioni dolorose. Possiede proprietà sedative e calmanti ed è capace dunque di placare i sintomi di iper-sensibilità, allergia, nervosismo e stress. Favorisce la digestione in quanto facilita la secrezione di succhi gastrici. Regolarizza il ciclo mestruale e allontana la menopausa. Essendo, infine, ricco di antiossidanti, previene l'invecchiamento cellulare e i radicali liberi. E' importante non confondere l'origano selvatico, da cui si estrae l'olio essenziale, con la spezia comunemente utilizzata in cucina per aromatizzare numerose pietanze che si chiama origano maggiorana, dal sapore e dall'odore più delicato del primo.

- Parte utilizzata: foglie fresche.
- Metodo di estrazione: distillazione in corrente di vapore.
- Nota di base: sapore forte, quasi bruciante, con odore pungente, erbaceo e speziato.

Bagno: Alcune gocce di olio essenziale diluite in un bagno tiepido aiutano a rilassare i muscoli, a combattere i crampi e gli spasmi mestruali e a facilitare il flusso, a trattare dolori reumatici e lenire infezioni cutanee.

Controindicazioni: è sconsigliato durante la gravidanza in quanto l'assunzione per via orale può causare danni al feto. In dosi elevate può risultare irritante e urticante o addirittura tossico per la pelle, per tale motivo è bene affidarsi ai consigli di un medico per i dosaggi e le applicazioni pratiche. Dev'essere utilizzato sempre diluito. L'olio di origano può influenzare la capacità del corpo di assorbire il ferro, quindi un integratore di ferro dovrebbe essere preso insieme a qualsiasi cura a base di olio di origano. Le donne incinte non dovrebbero utilizzare l'olio di origano in quanto può causare sanguinamento, in particolare per quelle in gravidanza precoce o inclini alle interruzioni. Le persone con allergie alle menta, timo, salvia, o qualsiasi altro membro della famiglia della menta dovrebbero prendere precauzioni e sospenderne immediatamente l'utilizzo in caso di eruzioni cutanee, irritazione o vomito.

Fiori Himalaya associati al quinto chakra

I Fiori Himalayani Enhancers influiscono direttamente nei vari livelli d'energia controllati dai Chakra, rimovendo i sentimenti negativi e stimolando quelli positivi. I Fiori Himalayani Enhancers sono stati individuati da Tanmaya nel 1990, durante una sua permanenza durata alcuni mesi in una valle Himalayana. Il termine Enhancers significa catalizzatori, perché le essenze non sono solo rimedi volti a lavorare su emozioni e stati interiori negativi ma favoriscono anche processi di riequilibrio energetico e di sviluppo spirituale molto profondi per portare alle luce qualità sepolte all' interno della persona. Possono essere assunti puri da soli o diluiti insieme ai Fiori di Bach o ad altri Fiori. Le prime preparazioni di Tanmaya riguardarono nove combinazioni, sette direttamente collegati ai plessi, meglio noti col nome indiano di chakra più un catalizzatore generale e un fiore particolarmente indicato per i bambini; successivamente il loro numero si è moltiplicato con la scoperta di nuovi fiori, adatti a modulare emozioni specifiche.

Sono Fiori con un effetto molto rapido e potente, a differenza dei Fiori di Bach, che sono tra i più lenti e delicati; questa potenza a volte è molto utile, altre volte può rappresentare un rischio di eccessiva azione. Mentre i Fiori di Bach possono essere considerati rimedi principalmente emozionali, cioè volti al riequilibrio delle emozioni umane, i Fiori Himalayani, proprio grazie alla natura del terreno sul quale crescono, si rivolgono essenzialmente

alla dimensione spirituale dell'uomo, stimolando il bisogno di preghiera, di meditazione e di connessione con il divino che dimora in lui.
Le essenze floreali himalayane sono estratti liquidi che contengono l'energia del fiore da somministrare generalmente per via orale, inoltre possono essere usate nell'acqua del bagno, nebulizzate sul corpo o nell'ambiente, oppure unite all'olio per il massaggio.

Autenticity

Sviluppa la capacità di esprimersi, la comunicazione verbale, il senso estetico, il piacere e la bellezza, le esperienze raffinate, la capacità di chiedere, di cercare, di cantare, il pensiero collettivo, l'immaginario, la convinzione. È utile contro la timidezza, la paura di dire la verità, la difficoltà di comunicare, l'affaticamento, la tensione, l'apprensione, la claustrofobia, la mancanza di convinzione, situazioni di spavento, di rigidità o la paura di cambiare. Non sempre riusciamo a dire quello che sentiamo nel profondo, quello che pensiamo, a esprimerci con chiarezza, senza fraintendimenti o dubbi. A volte abbiamo difficoltà a comunicare, a esprimerci, a creare, tendiamo a nascondere le nostre emozioni, i nostri veri sentimenti, abbiamo grosse resistenze a cambiare, ad aprirci al nuovo, allo sconosciuto. Autenticity sviluppa la capacità d'esprimersi, la comunicazione verbale, il senso estetico, il piacere e la bellezza, le esperienze raffinate, la capacità di chiedere, di cercare, di cantare, l'immaginazione, il pensiero creativo, la convinzione, l'autorità. Riduce la timidezza, la paura di dire la propria verità, la difficoltà di comunicare, l'affaticamento, la tensione, l'apprensione, la claustrofobia, la mancanza di convinzione, gli spaventi, la rigidità e la paura di cambiare.

Fiori Californiani associati al quinto chakra

I Fiori Californiani estendono i Fiori di Bach. Richard Kats e Patricia Kaminski, fondatori della FES (Flower Essence Society), insieme al lavoro di altri ricercatori hanno scoperti più di 150 fiori a partire dal 1979. Lavorano su problematiche specifiche più moderne e attuali e che al tempo in cui Bach è vissuto non erano così preponderanti o non se ne parlava ancora come oggi: l'anoressia e la bulimia, i disturbi sessuali, le malattie derivate dall'inquinamento ambientale. E' possibile creare delle essenze composite unendo Fiori di Bach e Californiani, così come essenze di altri repertori floriterapici di altre parti del mondo. I rimedi floreali californiani si preparano nello stesso, semplice modo dei fiori di Bach, ponendo le corolle di fiori selvatici in una ciotola di vetro piena d'acqua di sorgente e lasciandoli in infusione al sole per qualche ora. Questo liquido, ricchissimo di forza vitale, viene poi filtrato, diluito in brandy e utilizzato per la preparazione delle cosiddette stock bottles (o concentrati).

La scelta delle essenze, come avviene per i fiori di Bach, é sempre personalizzata e in relazione allo stato d'animo e alle emozioni che si vogliono riequilibrare. Una volta scelto il rimedio o i rimedi indicati per il problema personale, si versano due gocce di ciscuno in una boccettina con contagocce da 30 ml., riempita con acqua minerale naturale e due cucchiaini di brandy come conservante.

Il dosaggio è di 4 gocce 4 volte al giorno, per un periodi di alcune settimane o comunque fino al miglioramento o alla scomparsa dei sintomi.

Essendo una cura del tutto naturale e priva di tossicità, non presentano alcuna controindicazione, non provocano effetti collaterali, possono essere combinati senza problemi sia ai farmaci tradizionali sia a quelli omeopatici (di cui sono considerati complementari) o ad altri rimedi floriterapici.

Calendula

Tendenza a usare parole taglienti o pungenti, persone che devono essere sincere a tutti i costi.
Sono persone incline alla polemica, alla litigiosità, generalmente poco cordiali e gentili e che non riescono ad ascoltare gli altri e usano un linguaggio duro. Questo fiore dona calorosità e ricettività nell'uso della parola nel dialogo con gli altri.
Simbolicamente rappresenta la possibilità di utilizzare la luce interiore per rendere evoluti i contatti con gli altri e la capacità di comunicazione interpersonale attraverso l'uso dell'intuito, organo di percezione dell'anima. Aumenta la capacità di donare e ricevere amore, calore, sostegno morale attraverso la comunicazione, superando la paura di esprimersi e lasciandosi andare alle resistenze nelle relazioni interpersonali.
Per instaurare un dialogo caloroso e gentile e allo stesso tempo profondo e corretto evitando i malintesi e le vane argomentazioni. Per i terapeuti che devono trovare le parole giuste al momento giusto o per gli insegnanti, quindi in tutte le professioni in cui la comunicazione deve essere intensamente sviluppata come forza dell'animo.
Utile per le persone logorroiche che non sanno ascoltare gli altri. La Parole deve essere usata come vera forza spirituale e creativa.
Questo fiore aiuta a equilibrare l'aspetto attivo e ricettivo della comunicazione.
Capacità di ascoltare gli altri senza interrompere il discorso.

La Calendula viene chiamata anche "Mary's Gold" (Coro di Maria), poiché la radiosità solare dorata della Parola deve essere partorita dalla matrice ricettiva femminile.

Cosmos

Per i problemi di comunicazione come il linguaggio disordinato e confuso o la difficoltà a esprimersi a parole di persone sopraffatte da troppe idee. Sono persone che soffrono per la frustrazione di non potere esprimere chiaramente le loro opinioni e in particolare le loro percezioni profonde spesso diventano introverse, timide, insicure. Può essere di aiuto a insegnanti, attori, giornalisti, scrittori e tutte le persone che svolgono una attività in cui è richiesto di parlare in pubblico per mantenere la concentrazione, esprimersi sinteticamente e con incisività pur mantenendo il distacco emotivo. Per chi nella verbalizzazione è dominato dall'ansietà e sono generalmente introversi. Impazienti, nervosi, lenti di pensiero e precipitosi nel loro parlare, danno l'impressione di essere confusi e disorientati.

Il fiore integra il pensiero con la parola, dando chiarezza alle idee, agilità mentale e verbale e coerenza, permette di parlare con fluidità , tranquillità e chiarezza. Ha bisogno di essere assunto per lungo tempo. Utile per gli animali perché incoraggia la comunicazione tra le specie; nei casi in cui animali di diverse specie vengono tenuti insieme; per addestrare gli animali o per stabilire legami psichici nel rapporto con gli animali. Indicato sia per l'animale che per la persona che se ne occupa. Cosmos armonizza il pensiero e il linguaggio con le funzioni superiori, in modo che il vero spirito possa irradiarsi dalla personalità.

Iris

Per quegli individui che si sentono incapaci per agire in accordo con la loro ispirazione creativa, che si vivono "limitati" o "aridi", che si sentono frustrati per mancanza di ispirazione o che, nonostante abbiano idee ispirate non possono concretizzarle. Per gli artisti che sentono di non avere più l'ispirazione, la creatività; per le persone che si sentono inariditi, oppressi dalla mediocrità perché non hanno più idee.
Sveglia l'ispirazione e la creatività artistica.
Amplifica le qualità dell'emisfero destro del cervello. Eleva l'anima a un livello di coscienza più fecondo. Questo rimedio è particolarmente indicato per riarmonizzare i vari stati di frustrazione tipici degli artisti, dovuti alla mancanza di ispirazione, al senso di non perfezione o a quello di solitudine e di estraneità rispetto al mondo "normale".
Amplifica la forza dell'intuizione.
E' molto utile anche per portare un po' di colore e di vitalità alle persone che si sentono soffocare dal grigiore della vita quotidiana e dalla ruotine lavorativa. Questo fiore aiuta a colorare la vita, a coltivare la bellezza dentro sé e nel mondo.
L'essenza Iris incita l'individuo a creare e a coltivare la bellezza, dentro di sé e nel mondo.
Iris è un rimedio eccellente e universale per iniziare e sostenere la crescita dell'individuo con la floriterapia e con altre terapie; in quanto i fiori sono i colori dell'anima della Natura.
Quindi, lris aiuta la vita interiore dell'animo umano a essere in armonia con l'Anima della

Natura e a diventare, perciò, veramente viva, vibrante e "iridescente".

Il dosaggio è sempre quello di qualche goccia, generalmente si consigliano 4 gocce, da assumere direttamente in bocca tre o quattro volte al giorno.

Il periodo di assunzione varia da qualche giorno a uno o due mesi. Ognuno potrà capire per quanto tempo assumere i rimedi floreali: di solito quando il loro effetto si è esaurito ci dimentichiamo di assumerli, non ci sentiamo più di prenderli, perdiamo la bottiglietta in qualche angolo della casa.

Snapdragon

Per chi ha una grossa aggressività verbale.
E' ostile, sarcastico, irruento, ha le mandibole sempre tese, il bisogno continuo di masticare.
Sono persone con una forte presenza fisica, energiche e dotate di grande volontà male incanalata. In alcuni casi, queste energie sono talmente pronunciate che dominano gli altri chakra. In altri casi, queste forze possono essere state represse dalla cultura, provocando uno scatenamento inappropriato dell'energia nel corpo.
Con questi due tipi di squilibrio, l'individuo mal dirige le energie della digestione e sessuali, che in effetti appartengono ai centri di energia inferiori, esprimendole in maniera errata tramite i centri della comunicazione. La parola viene usata male, in modo duro e distruttivo, con la tendenza verso un sarcasmo pungente o verso una critica sferzante. Si può verificare una forte tensione alle mandibole e alla bocca, un digrignare dei denti o il bisogno di mangiare cibo, che stimola un continuo mordere e masticare. Snapdragon aiuta queste persone a riportare nella giusta direzione la loro potente energia metabolica e sessuale indirizzandola nei giusti canali. A un livello più profondo, Snapdragon aiuta l'individuo a distinguere l'uso delle energie creative, soprattutto quelle che si irradiano dai centri di energia inferiori e quelle che vengono usate per la parola. Rendendo armonioso il rapporto tra questi centri di energia, l'individuo evolve nell'uso del proprio potere creativo.

Trumpet Vine

Per chi ha difficoltà a parlare in pubblico e per chi parla con voce molto flebile.
Sono persone che non hanno la capacità di parlare chiaramente o hanno problemi nel linguaggio verbale, fanno discorsi troppo noiosi, concisi o meccanici. L'essenza floreale Trumpet Vine è indicata per il discorso che tende a essere meccanico, noioso o troppo conciso e può essere molto utile per vari impedimenti del linguaggio come la balbuzie. Non si indirizza direttamente alla paura o al nervosismo, ma è comunque benefico per molte persone che contengono la propria espressione a causa di timore o timidezza.
Con l'aiuto di Trumpet Vine, l'individuo sarà in grado di entrare in contatto con l'energia vitale che risiede nei chakra inferiori e di integrare la propria forza vitale nel linguaggio verbale; quindi porta la propria consapevolezza e il proprio interesse all'espressione stessa, invece di focalizzarsi su come gli altri possano percepirlo o giudicarlo.
Trumpet Vine risveglia la calda e colorita vita dei sentimenti dell'animo, aiutando queste qualità a fluire nel linguaggio verbale.
Quando l'individuo impara a comunicare e a esprimersi, sviluppa la propria capacità creativa di dividere la sua essenza unica con gli altri e con il mondo.

Violet

Per quelle persone che sono talmente timide e riservate e sensibili che non riescono a sopportare il gruppo, perché hanno paura di esserne sommersi. Così si isolano, ma ne soffrono molto.

Amano il silenzio. Le energie del tipo Violet sono molto raffinate, piene di dolcezza squisita ma delicata. Queste persone desiderano un contatto profondo con gli altri, ma generalmente si trattengono dal farlo a causa di un senso di fragilità nelle situazioni di gruppo e dalla paura che il senso dell'Io venga perso o sommerso.

Questo tipo di individuo spesso sceglie uno stile di vita o un'occupazione in cui possa lavorare in silenzio e da solo. La personalità Violet interiormente sente un grande calore, ma appare freddo e distaccato agli altri; anche il corpo e soprattutto le mani possono essere umidi e freddi. Dato che tali individui riescono a trovare ben poche persone che siano in grado di capire e accettare la loro timidezza, esse soffrono di solitudine, poiché vorrebbero darsi di più.

- La chiave per la loro risoluzione sta nella capacità di credere nell'affetto degli altri. Come la viola, la cui fragranza essenziale non può essere percepita fino a che il sole non risplende su di essa e l'aria non la scuote, così il tipo Violet deve imparare a lasciare che la propria essenza si esprima attraverso gli altri.

L'essenza del fiore Violet aiuta questi individui a non temere più di perdere il proprio Io, ma a fidarsi nel rivelarlo agli altri, in modo che la sua meravigliosa natura possa essere condivisa con il mondo.

Fiori Australiani associati al quinto chakra

I Fiori Australiani Bush (Australian Bush Flower Essences) sono a oggi 69 più 19 Essenze create dalla combinazione di Fiori Australiani e sono stati introdotti da Ian White, biologo e psicologo australiano. Non sono ancora molto conosciuti e utilizzati in Italia dal grande pubblico, ma sono molto apprezzati dai Floriterapeuti e troviamo Fiori Australiani inseriti in molti complessi fitopreparati e omeopatici. Sono tra i fiori più potenti e di largo impiego dopo i Fiori di Bach, hanno un'energia molto elevata, una delle più alte tra i rimedi floreali. Gli Aborigeni australiani hanno sempre utilizzato i Fiori per trattare i disagi o gli squilibri emozionali, così come avveniva nell'antico Egitto, in India, Asia e Sud America.

La dose, sia per gli adulti sia per i bambini, consiste in sette gocce da assumere due volte al giorno (mattina e sera) sotto la lingua, o in un poco di acqua. Le essenze dovrebbero essere assunte per circa venti giorni o un mese, eccezion fatta per essenze particolarmente potenti.

Essendo una cura del tutto naturale e priva di tossicità, non presentano alcuna controindicazione, non provocano effetti collaterali, possono essere combinati senza problemi sia ai farmaci tradizionali sia a quelli omeopatici (di cui sono considerati complementari) o ad altri rimedi floriterapici. Si può preparare un solo rimedio (la cui azione sarà allora particolarmente "mirata", profonda e veloce), oppure miscelare tra loro rimedi diversi; in questo caso é consigliabile non superare le 4 o 5 essenze e, se possibile, cercare di scegliere fiori dalle proprietà tra loro affini e sinergiche per trattare un problema specifico.

I fiori australiani sono molto efficaci anche in applicazione cutanea e possono essere aggiunti a creme, gel, oli per il massaggio, pomate medicate oppure diluiti nell'acqua del bagno. Per un trattamento topico la quantità consigliata è di circa 7 gocce di ciascun rimedio scelto, da amalgamare in mezza tazzina di crema; nella vasca da bagno vanno invece versate 15–20 gocce di ogni essenza.

La durata del trattamento dipende sempre dalla risposta individuale. Spesso si ottiene una reazione positiva in circa due settimane e mediamente due mesi sono sufficienti per riequilibrare numerose problematiche psicofisiche. Alcuni fiori particolarmente "potenti" (come, per esempio, Waratah) esercitano di solito un'azione molto rapida, anche in pochi giorni. Molte volte, dopo aver risolto un disagio o un conflitto interiore, possono emergere altri squilibri emozionali, che andranno via via trattati con i fiori corrispondenti.

Old Man Banksia

Rimedio per le persone tristi, che spesso hanno scarsa energia e che sono lente nei movimenti ed estremamente pigre. Sono scoraggiate, stanche, fiacche, indolenti e spesso soffrono di una attività tiroidea rallentata. Ma nascondono il loro affaticamento e lottano con uno sforzo incessante.
Sono ottimi ascoltatori, amano aiutare gli altri e non sanno mai dire di no. Sono persone con un notevole buonsenso che non fanno nulla di fretta, sono pratiche, metodiche e molto pazienti e disponibili. Il fiore aiuta a gestire qualsiasi situazione che la vita presenta e a riconoscere i propri limiti dando il coraggio di dire di no.
Per le persone generose, amanti del focolare domestico che non sanno rifiutare le richieste di amici e familiari superando i propri limiti fisici ed emozionali. Di solito preferiscono un abbigliamento che non accentui le forme o la sensualità in pubblico perché non vogliono essere al centro dell'attenzione. Questo rimedio si associa al tipo di personalità lente di pensiero e nel'azione, di basso livello energetico e carenti di passione per la vita. Ian White dice che: *"Sono di natura più terrena, come se la gravità esercitasse maggiore influenza su essi. Per questo motivo operano meglio nel piano fisico o emozionale, più che nel mentale."* Hanno un camminare lento e pesante, come se trascinassero i piedi e sembrano essere sempre stanchi, o debilitati per qualche evento.

Sono persone molto affezionate alla famiglia e in molti casi assumono il carico e la responsabilità di questa. Si rapportano eccellentemente coi bambini, sono molto intuitivi e godono di questo di allegria. Piace loro il contatto con la natura e generalmente preferiscono il clima di montagna. Sanno ascoltare grandi e bambini, sono pazienti, generosi e metodici.

Hibbertia

Per coloro che divorano informazioni e filosofie e che hanno un grande desiderio di imparare, studiando costantemente libri e partecipando a corsi. Si tratta di soggetti estremamente severi con se stessi, specialmente nel loro continuo inseguimento dell'apprendimento che spesso tende a renderli fanatici. Tutte le informazioni non derivano però da una esperienza diretta e questo porta il rischio di non avere una reale comprensione e conoscenza della materia.

Sono personalità rigide ed eccessivamente autodisciplinate, eccitate dai propri successi.

L'essenza dona l'accettazione dei propri limiti e la riscoperta della necessità di approfondire e arricchire le proprie conoscenze e filosofie di vita.

Fiori di Bach associati al quinto chakra

I fiori di Bach - o rimedi floreali di Bach - sono una medicina alternativa ideata dal medico britannico Edward Bach, nato il 24 settembre 1886 a Moseley da una famiglia Gallese in Inghilterra. Si laureò in medicina nel 1912 e da subito lavorò al pronto soccorso dell'ospedale universitario dove iniziò a farsi notare per la gran quantità di tempo che dedicava ai pazienti. Fu subito critico nei confronti degli altri medici, in quanto studiavano la malattia come se fosse separata dall'individuo, senza concentrarsi sui malati stessi. E' risaputo che i nostri stati emotivi hanno una profonda influenza sul nostro benessere e sulla nostra salute. Uno stato emotivo alterato che si ripete ogni giorno crea delle vere e proprie disfunzioni del nostro organismo.

Il 90% delle cause delle malattie dell'uomo proviene da piani che si trovano al di là di quello fisico, ed è su questi piani che i sintomi cominciano a manifestarsi, prima che il corpo fisico mostri qualche disturbo. Se riusciamo a individuare gli stati d'animo negativi che affiorano quando ci ammaliamo, possiamo combattere meglio la malattia e guarire più in fretta. Usando i rimedi floreali si tenta di influire sulle strutture più profonde, dalle quali la malattia ha origine. I Fiori di Bach riequilibrano le emozioni. Si rivolgono solo ed esclusivamente a come reagiamo emotivamente alle vicissitudini, alle esperienze e ai problemi nelle nostre giornate. Donano una grande serenità e pace, coraggio o forza, aiutano a sentirci nel pieno delle nostre possibilità.

Possono essere utili a fronte di una malattia, non dal punto di visto fisico ma proprio come sostegno dell'umore. La persona è vista come un individuo completo dove le emozioni sono un punto cardine, e non solo come corpo fisico con dei sintomi. Bisogna quindi analizzare lo stato emozionale e non i sintomi fisici, in base a questo si trovano i rimedi adatti. Infatti soggetti con identici problemi fisici, reagiscano e vivono con emozioni e sentimenti differenti. I fiori di Bach non hanno controindicazioni e non interagiscono con i farmaci.

Bach ha così suddiviso i 38 fiori dai quali si traggono i rimedi. I primissimi fiori scoperti da Bach furono i cosiddetti "12 Guaritori", che il medico gallese iniziò prontamente a sperimentare prima su se stesso e poi sui suoi pazienti; gli altri 26 vennero scoperti poco tempo dopo, divisi in "7 Aiuti" e "19 Assistenti". Il Dr Bach abbandonò in seguito la distinzione tra "Guaritori", "Aiutanti" e "Assistenti" ritenendola superflua, ma molte persone nel mondo continuano a utilizzarla ugualmente. I Fiori di Bach non aiutano a reprimere gli atteggiamenti negativi, ma li trasformano nel loro lato positivo. I Fiori di Bach associati al secondo chakra lo sono solo a titolo generale, perché i fiori vanno comunque scelti basandosi sull'emozione non in armonia che va equilibrata.

Clematis

Appartiene alla categoria dei "Guaritori".
Chi ha bisogno di questo fiore è una persona che vive in un mondo immaginario, pieno di speranze rivolte a un bellissimo futuro, vive di fantasia, quasi mai nel presente, sogna a occhi aperti. Di solito è una persona ottimista.
Quando pensa a un progetto o a un'idea la sua mente inizia a fantasticare sino ad arrivare a dimenticarsi del tempo che scorre; questo atteggiamento mentale lo accompagna frequentemente ed è soprattutto rivolto pensando a un futuro piacevole.
Clematis ha la testa fra le nuvole, manca la memoria, si è facilmente distratti. Il pensiero è molto spesso rivolto al futuro, a volte per sfuggire al presente e ai relativi problemi.
La testa tra le nuvole, sentirsi svampiti, fantasticare troppo sono tutte caratteristiche di questo fiore di Bach la cui pianta, rampicante, cresce molto in alto ma con una radice molto profonda che rende difficile estirparla.
Anche Clematis è adatto per lo studio e la concentrazione e fa parte della miscela per gli esami. L'aspetto trasformato del fiore permette di concretizzare più facilmente i propri sogni come la sua radice. Il rimedio floreale agisce immediatamente in situazioni di svenimento, è istantaneo, riporta la persona subito nel presente.
La persona, con questa indole, sarà molto più presente, la sua fantasia si limiterà ad un futuro imminente.

Con Clematis si realizzano i sogni con capacità, fantasia e praticità. Si è perfettamente in contatto con la propria creatività.

Per preparare il rimedio floreale si usa il metodo del sole, con una quantità sufficiente di ciuffi pieni di tanti fiori per coprire l'acqua (annotare se fiori singoli o doppi).

Clematis è uno degli ingredienti del Rescue, in cui viene usato per alleviare quello stato di confusione e di stordimento che può comparire nelle situazioni di emergenza.

Honeysuckle

Appartiene alla categoria degli "Assistenti".
Chi ha bisogno di questo fiore è una persona che vive nei bei ricordi passati dimenticando la vita presente. Questo stato d'animo può nascere da tanti fattori, esempio: quando si è lasciati dalla persona che si ama, la morte di una persona cara, il figlio che si sposa e va via di casa, la persona anziana che pensa al passato; in definitiva si comincia a vivere nei bei ricordi dimenticando il presente e tutto quello che ne consegue. La persona si rifugia nei pensieri dei bei tempi oramai trascorsi perdendo il contatto con la realtà, ed ha una forte tendenza a parlare soltanto del bel passato vissuto scartando le esperienze negative.
Quando si tende a idealizzare il passato e si vorrebbe che tutto fosse come lo era una volta, recente o lontana nel tempo. L'aspetto trasformato di Honeysuckle ci permette di accogliere appieno le cose e le persone nuove . E il passato è solo fonte di gioia per quello che ha donato. Honeysuckle è utile anche nei casi di lutto.
Il rimedio floreale riporta la persona nel presente e ne facilita l'adattamento alla realtà, creando così un sano distacco con il passato. Naturalmente parlerà ancora dei bei ricordi trascorsi ma solo con le persone che hanno condiviso quei momenti.
Con Honeysuckle si è consapevoli del presente, trasformando i ricordi in forza e scopi di vita.
Il Rimedio Honeysuckle aiuta questo tipo di persone ad imparare dal passato senza però doverlo continuamente rivivere, in modo da poter

progredire verso il presente e trarre gioia dall'oggi e dal domani.

Per il rimedio floreale, raccogliere un mazzo di fiori con lo stelo e foglie da varie parti del rampicante, e usare il metodo della bollitura

Wild Rose

Appartiene alla categoria degli "Assistenti".
Chi ha bisogno di questo fiore è una persona apatica, disinteressata, svogliata, spenta, angosciata, senza prospettive, non vive, vegeta.
Questo stato d'animo può nascere per svariati motivi o determinati fattori, come per esempio: una malattia incurabile, una forte delusione affettiva, un forte shock, oppure, con il trascorrere della vita, quando la persona conduce sempre il solito modo di vivere. La routine rende ancora più stanchi e svogliati. Non si ha interesse per i propri impegni e interessi, ci si sente rassegnati con poca energia. Anche di fronte alla malattia o a un cambiamento non si ha la forza per affrontarli.
Il rimedio risveglia l'interesse nella vita. La persona Wild Rose in fase positiva sarà sempre del tipo spensierato, ma anziché essere apatica sentirà di avere uno scopo nella vita che le porterà maggiore gioia e piacere.
Wild Rose offre la possibilità di uscire dal proprio torpore con rinnovato entusiasmo.
Con Wild Rose ogni istante è fonte di gioia, e si attinge liberamente alle proprie forze interiori.

Olive

Appartiene alla categoria degli "Aiuti".
Chi ha bisogno di questo fiore è una persona sfinita, senza energie né fisiche né mentali, ad ogni minimo sforzo si stanca anche a quello più banale, come lavare i denti, pettinarsi, vestirsi, leggere un libro, fare una passeggiata, insomma tutto diventa una difficoltà insormontabile.
La persona è assente e senza desideri, di tanto in tanto si accende una luce di voglia di fare, ma subito perde le speranze perché soprattutto l'energia fisica viene meno. Olive apporta l'energia sufficiente per recuperare tutto il recuperabile.
Olive ridona energia in modo incredibile ma consiglio di prendere in esame anche lo stato Oak perché se non si riconverte il proprio stato Oak, ecco che Olive è inutile.
È utile notare la differenza tra Olive e Hornbeam, quest'ultimo è infatti il Rimedio contro la stanchezza mentale che si prova addirittura prima che lo sforzo venga fatto. Olive viene dato per ristabilire la forza, la fiducia e l'energia necessarie per andare avanti.

White Chestnut

Appartiene alla categoria degli "Assistenti".
Chi ha bisogno di questo fiore è una persona che ha perso totalmente il controllo della mente, vive nel tormento mentale, i pensieri sono sempre gli stessi e si ripetono in continuazione senza la volontà della persona. Questo stato d'animo può nascere da svariati fattori come qualcosa che tormenta tipo una fobia, un presentimento, un'intuizione, una vendetta, una delusione.
Ci sono dei pensieri che si ripresentano continuamente, anche senza volerlo. I problemi divengono asfissianti, in quanto la mente vi ritorna sempre. Sindrome del disco rigato. Sì, il vecchio disco in vinile che ritornava sempre sulla stessa traccia. Ebbene con White Chestnut i pensieri e le emozioni ritornano sempre sugli stessi argomenti e fatti impedendo di vedere e attuare delle nuove soluzioni. Il rimedio viene usato per aiutare le persone a riprendere il controllo dei propri pensieri per poter affrontare con calma e in modo razionale ogni problema che potrebbe essere la causa di fondo del loro disagio.
White Chestnut è molto utile nei casi di insonnia, in cui si pensa e si ripensa alle stesse cose, o quando non ci si riesce a rilassare durante un atto sessuale perché la testa è da un'altra parte.
Con White Chestnut la mente è calma e trova tranquillamente ogni soluzione.

Mustard

Appartiene alla categoria degli "Assistenti".
Chi ha bisogno di questo fiore è una persona che trascorre momenti della vita in malinconia o in totale disperazione senza un apparente motivo, si isola da tutti perché gli è difficile nascondere questo stato d'animo. Di solito trascorre la vita con molta serietà e a volte non vive l'emozione perché ha paura di soffrire, in questo modo crea un blocco emozionale; è come se in quel momento, cioè quando si verifica l'evento brutto, non sente la sofferenza perché prende la vita per come viene.
Si è come avvolti in una nube nera, che improvvisamente come è arrivata, così se ne va.
La depressione e il cambiamento d'umore in Mustard, al contrario di Gentian, non proviene da una causa precisa. L'umore cambia velocemente senza nessun motivo e spesso nonostante si abbia tutto ciò che si vuole non ci si sente felici.
Con Mustard si riscoprono i valori della serenità e si accettano i cambiamenti con la sicurezza di raggiungere la meta. Il rimedio floreale agisce da subito, la persona ritrova la serenità e dopo non riesce a dare una spiegazione di cosa sia successo.
Mustard è magico per me, fa ritrovare la felicità nelle piccole cose oramai dimenticate come una passeggiata al lago, stare al sole, curare le piante, gli animali; rende la persona serena e le fa dimenticare il potere, il possesso e la fama, capaci solo ad allontanare dal senso della vita. Mustard è anche molto utile negli sbalzi d'umore premestruali.

Chestnut Bud

Appartiene alla categoria degli "Assistenti".
Chi ha bisogno di questo fiore impiega più tempo degli altri per imparare le lezioni della vita.
La persona con questa indole si entusiasma facilmente per qualsiasi novità o per un nuovo progetto, ma non porta a termine quasi mai nessuna idea o desiderio, lascia sempre tutto a metà.
Infatti, inizia un lavoro e a metà percorso si blocca e ne inizia subito un altro, questo atteggiamento lo si nota anche nelle piccole cose, come per esempio libri iniziati e mai terminati, ripetendo sempre gli stessi errori. La persona con questa indole ha uno spiccato intuito per i progetti o per un lavoro del futuro. Il rimedio floreale aiuta la persona a trovare la costanza per terminare le attività iniziate, rafforza la memoria, inoltre le fa comprendere subito l'errore fatto e da non ripetere. Rende la persona più attiva e disponibile ad ascoltare i consigli. E' un fiore molto importante per gli studenti e per l'apprendimento scolastico e non perché favorisce la memoria.
Con Chestnut Bud ogni occasione di vita diventa una fonte di apprendimento e crescita. Si è liberi dai vecchi schemi limitanti.
Il rimedio floreale va preparato al momento in cui le brattee si aprono e il ramo inizia a crescere lasciando alle foglie la libertà di espandersi. Prendere dei rami di circa 12 cm di lunghezza con delle cesoie pulite (solo dell'ippocastano bianco).
Usare il metodo della bollitura.

Water Violet

Appartiene alla categoria dei "Guaritori".
Chi ha bisogno di questo fiore è una persona che ha molta stima di sé, al di sopra della norma. E' tendenzialmente silenziosa, tranquilla, non si lascia influenzare mai dal parere degli altri, resta spesso in disparte, misteriosa, tenebrosa, molto riservata, altezzosa, ascolta volentieri i problemi degli altri dando un consiglio. Il problema di chi ha questa indole, è l'orgoglio, difficilmente chiede scusa e se in torto ha la capacità di ribaltare la situazione perché ha la convinzione di non sbagliare mai.
Si è comunque delle persone responsabili che gli altri apprezzano e ricercano, pur essendo un po' distaccati. "Casa dolce casa" è il motto di Water Violet. Ci si sente sicuri nel proprio ambiente, senza troppi scossoni. Questo distacco dagli altri può rendere superbi o orgogliosi. Spesso questo loro distacco è dovuto a situazioni in cui non potevano esprimere il loro aspetto emotivo. Per questo si chiudono e si irrigidiscono.
Il rimedio può aiutare a riportarle in equilibrio cosicché possano ritrovarsi più coinvolte con il prossimo. Con Water Violet si è saggi e si attraversa la vita con gentilezza e riservatezza.

Numero del quinto chakra

Il Chakra della Gola ha sedici petali.
In numerologia, un numero 16 si riduce a 7 (1+6 = 7). Il Sette è il numero dell'analisi, della comprensione, della conoscenza, della consapevolezza e della meditazione. Il numero 7 dirige una focalizzazione interiore che è vitale per la creatività per far germogliare e per comunicare il nostro sé più profondo e onesto con gli altri e con gli esseri superiori. La sfida del numero 7 si trova nelle difficoltà procurate dal disagio con le nostre sensazioni interiori che non possono essere espresse. Il numero 7 ci sprona ad andare dentro di noi e a unirci ai nostri pensieri ed emozioni per trovare un'espressione creativa.
Il numero 16 è anche il quadrato di quattro, ovvero il quadrato che si moltiplica per se stesso. Come giù sappiamo, il 4 e la sua rappresentazione geometrica, il quadrato, sono in tutte le tradizioni i simboli della manifestazione universale, della materializzazione del cosmo. Ora, con l'aggiunta di una seconda dimensione, descritta dalla sua elevazione al quadrato (4x4 = 4 alla seconda), il quaternario può rispecchiarsi in se stesso, riflettersi. Il 16 diviene perciò il simbolo della manifestazione che ha raggiunto la capacità, moltiplicandosi per se stessa o proiettandosi in una nuova dimensione, di potersi «vedere», di auto contemplarsi. Ciò, per traslato, rappresenta il percorso dello sviluppo psichico con la sua capacità di «rendersi conto di sé», di acquistare autocoscienza.

I pitagorici giuravano «per il quadrato di quattro», come a dire per la conoscenza del cosmo o per la coscienza dell'uomo.

L'evidenziazione del quaternario corrisponde, infatti, al punto di vista cosmologico, cioè relativo alla conoscenza del cosmo, e ugualmente corrisponde alla presa di coscienza dell'uomo da parte di se stesso. Il triangolo, figura geometrica del ternario, è qui simbolo di un fuoco virtuale, generatore e trasformatore, dell'energia necessaria per ogni esistenza. La punta diretta verso il basso significa che agisce sulla materia terra; la punta diretta verso l'alto significa che viene privilegiato l'aspetto creativo rivolto verso lo spirito cielo.

Questo chakra che riunisce in sé i tre simboli geometrici fondamentali, per il loro significato congiunto, sembra sancire l'inizio di una nuova esistenza, di una nuova modalità dell'essere.

La materia (quadrato), ritrovata la sua onnipotenza iniziale (cerchio), viene diretta (triangolo) verso un nuovo piano di manifestazione (quadrato di 4), che la «riflette» e da dove si può contemplare.

Il numero karmico Sedici rappresenta l'essenzialità e il cambiamento e, gli individui sotto la sua influenza si ergono a veri e propri catalizzatori che incitano, anche chi li circonda, al cambiamento. Le persone del Sedici tendono a eliminare, nel corso della loro vita, tutte le false impalcature che hanno costruito nella speranza di elevarsi e di distinguersi dagli altri. Il Sedici, infatti, possiede, più di tutti gli altri numeri, una grande capacità introspettiva palesata dal suo continuo desiderio di conoscenza e voglia di evolvere. Il Sedici inoltre è portato ad allontanare ogni tipo di condizionamento autoimposto e denota che le qualità del Sette sono state mal applicate. Così, gli individui sotto l'influsso del Sedici hanno la possibilità di riequilibrare quella che doveva essere una fine intelligenza, un'innata attitudine alla comprensione e una notevole capacità intuitiva. In altre parole, il "compito" del Sedici è quello di ripercorrere con profonda umiltà il cammino che, passo dopo passo, lo ha distanziato dal genuino scorrere della vita e dalla fiducia nel vivere la stessa. L'energia emanata da questo numero, per di più, dà coraggio alle persone nell'essere sincere con se stesse anche se spesso si troveranno a dover affrontare grandi dolori e delusioni. Tuttavia, queste potranno diventare ottime occasioni per abbandonare il senso d'orgoglio e ricominciare ad assaporare le semplici gioie che la vita ci offre.

Esercizi fisici

Esercizio 1

Fate qualche esercizio di rilassamento scuotendo le braccia e le gambe.
Sedete sul pavimento con la schiena eretta e quindi effettuate per alcuni minuti la respirazione alternata.

Esercizio 2

Assumete la posizione del quadrupede ed eseguite per 7 volte l'esercizio "groppa del cavallo / schiena arcuata del gatto".

Esercizio 3

Stando seduti con la schiena eretta e le gambe incrociate, chiudete gli occhi e unite i palmi delle mani davanti al peto.
Inspirate profondamente.
Quando espirate abbassate la testa fino a toccare con il mento la parte superiore dello sterno.
Trattenete il respiro per alcuni secondi, esercitando con il mento una leggera pressione sull'incavo del collo.
Smettete poi di premere, alzate la testa e inspirate nuovamente.
Ripetere per almeno 3 volte.

Esercizio 4

Stando seduti con la schiena eretta unite i pollici verso l'alto, intrecciate le dita ponendo l'indice destro per primo.
Le mani si trovano all'altezza dello stomaco.
Inspirate profondamente attraverso il naso e pronunciate ripetutamente espirando il mantra "ham".
Ripetete l'esercizio per 7 volte concentrandovi sul chakra della gola.

Esercizio 5

Sdraiatevi in posizione supina con gli occhi chiusi, le palme delle mani poggiate sul collo, delicatamente e senza esercitare nessuna pressione.
I polsi si toccano e sono posati sulla clavicola, in diagonale.
Rilassatevi e respirate sempre più profondamente immaginando di ricevere prana dall'universo, un prana azzurro che arriva fino al vostro chakra nutrendolo.
Ripetete per 5 minuti, poi portate le mani a contatto col terreno e rimanete in posizione ancora un po'.

Esercizio 6

Eseguite più volte i seguenti esercizi per la testa e per il collo.
Movimento verso l'alto, poi verso il basso.
Rotazione a destra, poi a sinistra.

Movimento in diagonale in alto verso sinistra, poi in basso verso destra e viceversa.
Movimento rotatorio completo attorno all'asse del collo, in senso orario e poi antiorario.
Il chakra della gola risponde molto bene anche al suono.
Cantate. Se non vi va di cantare, emettete dei suoni qualsiasi.

Esercizio 7

Sedete a gambe incrociate e afferrate saldamente le ginocchia.
Non piegate le braccia.
Inarcate indietro la parte alta della spina dorsale inspirando; riportatela in posizione normale espirando.
Ripetete varie volte.
Riposate.
Ora inarcate la colonna vertebrale sollevando le spalle mentre inspirate; abbassate le spalle espirando.
Ripetete diverse volte.
Inspirate e trattenete il respiro per quindici secondi tenendo le spalle sollevate.
Rilassatevi.
Ripetete entrambi gli esercizi stando seduti sui talloni.

Pietre consigliate per il 5° Chakra

In cristalloterapia si considerano pietre del 5° Chakra quelle di colore azzurro o verde-acqua, di qualsiasi tipo di lucentezza o trasparenza.
- La zona di posizionamento delle pietre è la regione della gola.

I cristalli che possono riequilibrare il quinto chakra sono: acquamarina, turchese, sodalite, topazio, azzurrite, lapislazzuli, cianite, crisocolla, indicolite, celestite.
Sentitene l'energia che passa attraverso il chakra sacrale mentre la tenete in mano o la portate tramite anello o collana. Non bisogna acquistarle tutte, basta scegliete le pietre che si preferiscono o delle quali si è già in possesso.

Acquamarina

Il nome della pietra acquamarina deriva dalla parola latina "aqua marina" che significa "acqua del mare", e i marinai antichi credevano che la pietra potesse contribuire a proteggerli da annegamento e garantirgli una buona pesca di pesce. L'acquamarina possiede un enorme potere calmante, lenitivo ed esalta la fiducia in se stessi.

La pietra acquamarina conferisce purezza a chi la indossa e incoraggia il lato sensibile della nostra personalità. L'acquamarina è la pietra ottimale per i più sensibili ai pensieri e alle vibrazioni di altre persone, associata al quarzo fumé, questa combinazione faciliterà la nitidezza delle impressioni in arrivo. Ottima pietra per la ritenzione di liquidi, l'acquamarina è associata con la ghiandola del timo e consigliata come purificatore della gola e nel mal di gola.

L'acquamarina aiuta a sintonizzarsi con la natura che ci circonda e aiuta a portare più tolleranza verso gli altri. L'acquamarina è una pietra molto importante per diminuire ansia, paura, inquietudine e ottenere una mente pacifica. Permette una migliore respirazione con le allergie ed è una buona pietra durante il recupero da malattie.

Dal punto di vista prettamente metafisico questa affascinante pietra, attiva il Chakra della Gola, 5° chakra, facilitando così una perfetta comunicazione della propria reale interiorità.

Non solo: ha la grande facoltà di aiutare la comunicazione, sia a livello fisico che etereo, con gli altri esseri del creato, soprattutto con quelli che abitano le acque del mare.

Definita anche "Pietra del Coraggio", l'energia che emana, non solo placa emozioni come l'ira, ma accentua le proprie facoltà intellettive e ha la capacità di aumentare le forze della mente.

In stretta attinenza con l'acqua del mare e le sue creature, l'Acquamarina aiuta a sintonizzarsi sulle lunghezze d'onda sia dei delfini sia delle balene.

L'acquamarina può essere scaricata dalle disarmonie assorbite dall'uso sotto l'acqua corrente. Per ottenere effetti duraturi sul piano spirituale si consiglia di portare l'acquamarina sempre con sé a stretto contatto con la pelle, soprattutto accanto alla gola. Per quanto riguarda la terapia a livello fisico, si può appoggiare un cristallo direttamente sulle palpebre in caso di dolore o sovraffaticamento agli occhi.

Di notte, invece, si potrà riporre l'acquamarina sotto il cuscino per dormire serenamente.

L'acquamarina può essere abbinata nei seguenti modi:
- Con la stellerite, la cavansite blu, la diopside verde e la lepidocrocite per aiutare a gestire le emozioni negative.
- Con l'acqua aura per migliorare la comunicazione.
- Con l'aragonite blu, l'amazzonite, la sodalite, la crisocolla, la calcite blu e il larimar per migliorare la comunicazione con il Divino.
- Con la labradorite, la iolite, l'avventurina blu, l'apatite blu e la lepidocrocite per

potenziare le vostre capacità intuitive e psichiche.
- Con la morganite per rafforzare amore e compassione.

L'Acquamarina si trova soprattutto in Brasile, in Russia (Monti Urali) e in Madagascar, ma si trovano diversi giacimenti anche in Nigeria, USA (California), Sud Africa, Cina, Australia, Medio Oriente e Sud Est Asiatico.

Azzurrite

La pietra azzurrite, deve il suo termine alla parola persiana "lazhward", una zona conosciuta per i suoi giacimenti di un'altra pietra blu, il lapislazzuli.
Attraverso l'arabo la parola diviene in latino "lazurium" poi " azurium", dandoci poi definitivamente la nostra "azzurro".
L'azzurrite, spesso viene trovata in associazione con la malachite ed è nota fin dai tempi antichi, essendo stata menzionata anche da Plinio il Vecchio nella sua "Storia Naturale". Gli antichi Greci e i Romani utilizzavano l'azzurrite per scopi medicinali e come colore per pittura e abiti. I Maya hanno usato la pietra azzurrite come pietra sacra di comunicazione e come via mistica e iniziatica.
La pietra azzurrite, è un cristallo che riesce a espandere i limiti della sfera cosciente, promuovendo una sana rivalutazione delle proprie capacità e talenti nascosti. Inoltre può aiutare a unire il subconscio con la mente cosciente ampliando i limiti della nostra mente. L'azzurrite è una pietra ideale da tenere quando si inizia a meditare. L'azzurrite ha la proprietà di alleviare le preoccupazioni, le fobie e i fastidiosi pensieri negativi ricorrenti, portando la nostra attenzione a riconoscere le aree di maggiore bisogno.
Infonde logica intellettuale con amore, promuovendo compassione per se stessi e gli altri.
Può aiutare a stimolare la tiroide, la pulizia della pelle, la milza e i corpi eterici.

Ottima pietra per aiutare a controllare e dirigere il flusso di energia e portare la giusta quantità di essa a qualsiasi situazione.

Le proprietà dell'azzurrite la fanno una bella pietra per il chakra del terzo occhio, risvegliando le capacità psichiche e aiutando a riconoscere la guida spirituale appropriata quando si presenta.

Utilizzata con il chakra della gola, il quinto chakra, può favorire la comunicazione con il cuore e aumentare la consapevolezza della via spirituale intrapresa. Da portare sempre con sé in un sacchetto di fibra naturale, ad esempio è ottima per la meditazione e nelle sedute di Cristalloterapia.

Il Chakra a essa abbinato è il 6° quello del Terzo Occhio e il 5° Chakra quello della Gola.

Turchese

Il turchese è utilizzato da migliaia di anni, tanto da essere una delle pietre più antiche per fabbricare gioielli. In cristalloterapia presenta notevoli proprietà metafisiche collegate all'elemento "etere". L'energia naturale di queste pietre aiuta a comunicare la verità, in quanto il turchese aumenta la forza spirituale e la capacità di esprimersi.
Non a caso, vibra molto con il chakra della gola e può aiutare a manifestare capacità chiaroveggenti, oltre che a bilanciare l'aspetto maschile e quello femminile.Oltre che vibrare con il chakra della gola, il turchese vibra anche con il chakra del terzo occhio, che consente di accedere a una maggiore consapevolezza di sé: questo può essere utile se si ha intenzione di lavorare sulla propria sfera psichica per comunicare meglio ciò che si sente spiritualmente. Generalmente il turchese proviene da Australia, Iran, Afghanistan, Tibet e parte sud occidentale degli Stati Uniti. Può essere trovato anche in Francia, Gran Bretagna, Russia, Polonia, Egitto, Cina, Perù e Messico.
Il minerale è un fosfato idrato di alluminio e rame, il suo colore più diffuso è il blu. Tuttavia, la pietra esiste anche in altre varianti, come verde, bianco e viola. In genere le pietre di turchese sono blu quando è presente anche il rame, mentre sono verdi quando vi sono elementi di ferro. Quando nessuno di questi minerali è presente, si hanno rarissime forme di turchese bianco. Questa pietra risuona soprattutto con il chakra della gola, aiutando a comunicare la verità, con saggezza e sincerità

assoluta. Se si è timidi, il turchese può aiutare a lanciarsi maggiormente nelle conversazioni, quindi a essere più sicuri di sé quando si parla, oltre che a sviluppare una certa calma e tranquillità per le interazioni in pubblico. Il minerale vibra con forza anche con il chakra del cuore: questo aumenta l'empatia, rende più compassionevoli e facilita il perdono. Garantisce, dunque, che l'energia fluisca attraverso l'amore per il mondo.

Essendo una pietra dal forte valore spirituale, è molto utile per la stress, oltre che a prevenire sbalzi d'umore. È conosciuta fin dall'antichità per essere una pietra protettiva, per cui ci si può rilassare durante la meditazione con il turchese, poiché fungerà da scudo a qualsiasi negatività. Inoltre, la sua vibrazione può aiutare nelle forme meditative che sono volte all'esplorazione delle vite passate.

Ancora, può stimolare le energie anche lavorando con il chakra sacrale e con il chakra dell'ombelico: in questo modo migliora la creatività e la capacità di risolvere i problemi. Alla luce di tutto ciò, indossare gli orecchini fatti con il turchese è utile se si sta lavorando sullo sviluppo dei propri poteri psichici, facendo risuonare la pietra stessa con il chakra del terzo occhio e della gola.

Invece, se si vuole sviluppare una maggiore empatia e una più forte capacità di amare, o ancora se ci si vuole sentire più protetti dalle negatività, una collana tiene il minerale più vicino al chakra del cuore.

Sodalite

La sodalite fu originariamente scoperta in Groenlandia nel 1811 e deve il suo nome per via dell' alto contenuto di sodio presente in essa.

Conosciuta come la pietra della logica, della razionalità e dell'efficienza, la sodalite è una pietra della profonda verità e porta questa in tutti gli aspetti della vita. La sodalite sa lavorare con i Chakra della gola e del terzo occhio, combinando queste energie in modo tale da promuovere il pensiero razionale, gli scopi, la compagnia, e la fiducia negli altri, generando un generale benessere ispirato dalla verità, dall'idealismo e dall'obiettività. Le proprietà della sodalite la rendono quindi un'ottima pietra meditativa che apre la nostra consapevolezza spirituale, combinando la nostra logica con la nostra intuizione. La sodalite può ridurre la pressione arteriosa alta, è inoltre associata con la tiroide, donando un effetto calmante e regolarizzante sulla ghiandola, sul sistema neuro-vegetativo e su tutte le funzioni ghiandolari. Con il bilanciamento del sistema endocrino, rafforza anche il metabolismo.

Favorisce il sonno riposante, è utile anche per le corde vocali, la laringe, la raucedine e la gola.

Può essere utilizzata in lavori di gruppo in cui è necessaria la cooperazione e la fiducia reciproca.

La sodalite è una pietra ottima per alleviare le nostre paure, fobie e sensi di colpa indotti da altri, e risulta appropriata per qualunque cosa che può ostacolare la nostra crescita sana.

Se si lavora in gruppo, questa pietra cementa e coordina azioni e obiettivi del team stesso. Sviluppare infatti l'armonia, la fiducia e la forza di volontà, migliorando la condivisione dei programmi e degli obiettivi da conseguire.

La sodalite è poi una pietra eccellente per la comunicazione: tale azione è forte soprattutto a livello del chakra della gola. Incentiva il pensiero razionale e intuitivo, a comunicare verbalmente i propri pensieri in modo calmo e rilassato, mantenendo una buona chiarezza dei concetti che si vogliono esprimere. Per accentuare la sensazione di lucidità mentale, si può combinare con la calcite color miele. Se si deve parlare in pubblico, la pietra favorisce calma ed equilibrio, accrescendo l'autostima e allontanando gli attacchi di panico. Proprio perché agisce soprattutto a livello del chakra del terzo occhio e della gola, è importante indossarla sotto forma di orecchini o collane, in modo da mantenere la sua influenza in queste zone.

Angelite

L'angelite ha il nome che deriva dal significato greco "anhydras" ossia senz'acqua.
Questa pietra permette un eccellente bilanciamento e polarizzazione per l'allineamento del corpo fisico con l'Aura. L'angelite ci aiuta nella comunicazione a distanza con altri esseri umani. E' un'ottima pietra da usare quando si ha bisogno di calmarsi da sentimenti di rabbia e sopraffazione.
L'angelite può aiutarci a tornare all'innocenza e alla purezza di intenti dei bambini molto piccoli.
Dona, così, una grande calma interiore, allevia stress emotivi, dona pace ed elimina visioni negative e distorte che spesso si manifestano nella nostra vita provocando paure inconsce, idee fisse o pensieri poco lucidi così da favorire una socializzazione più costruttiva e serena scoprendo una parte di noi più accogliente e compassionevole verso il prossimo. Le sue proprietà sul corpo quindi, rispecchiano quelle della mente, alleviando tutte le reazioni fisiche da stati di rabbia o emozioni forti come infiammazioni, allergie digestive e intestinali o gli stessi problemi emotivi.
Ha effetti calmanti sul chakra della gola e funziona a meraviglia come calmante e lenitivo per l'ansia o per bambini iperattivi. L'angelite è solubile in acqua e non deve, quindi, assolutamente essere pulita in acqua. L'Angelite coadiuva la funzionalità dei reni; viene usata per la crescita delle ossa e nella cura di malattie a esse associate come artriti e osteoporosi, oltre che per favorire l'autoguarigione verso problematiche dovute a traumi.

I Chakra abbinati all'Angelite sono il 2°, 5° e 6°.

Per il 5° Chakra posto al centro della gola, aiuta quest'ultima a eliminare le infiammazioni e gli eccessi energetici, conferendo energia positiva nella comunicazione con gli altri.

Un effetto energizzante ma più rivitalizzante è dato dall'abbinamento al 6° Chakra, quello del Terzo Occhio mentre per quanto riguarda quello con il 2° Chakra, del Centro Pelvico, ha un'azione sbloccante sullo stesso.

Lapislazuli

Il lapislazzuli deve la prima parte del nome, "lapis", alla lingua latina che sta a significare semplicemente "pietra". La seconda parte, "lazzuli", proviene dal latino "lazulum" che significa "blu cielo". Il lapislazzuli è una pietra semi-preziosa apprezzata per il suo colore blu profondo mentre le molte strisce bianche (di calcite) abbassano il valore del lapislazzuli.
I Sumeri credevano che il lapislazzuli poteva contenere gli spiriti delle Divinità.
Nell'antico Egitto, e più precisamente, ne "Il Libro dei Morti" si afferma che il lapislazzuli a forma di un occhio poteva diventare un amuleto di grande potere. Gli Egiziani lo consideravano, come mostrato nel Papiro Ebers, avente proprietà medicinali per la vista. Il lapislazzuli è una delle pietre della "Corazza del Giudizio" di Aronne, come descritto nella Bibbia.
La pietra lapislazzuli ci aiuta a eliminare il vecchio bagaglio emozionale che ci portiamo dietro e che spesso ci fa male, risveglia l'intuizione e aumenta il livello vibrazionale corporeo. Ottimo come potente pietra difensiva e protettiva (amuleto) anche per blocchi di attacco psichico. Il lapislazzuli riduce le infiammazioni e il dolore (in particolare alla testa).
Il lapislazzuli è una pietra che vibra soprattutto con il chakra del terzo occhio: sviluppa l'intuito amplificando ed espandendo le capacità psichiche e di chiaroveggenza.
Attiva la ghiandola pineale e apre la comunicazione con il proprio mondo spirituale,

favorendo lo sviluppo dell'immaginazione. Come la maggior parte delle pietre blu, anche il lapislazzuli stimola e attiva il chakra della gola.
Essendo una pietra fortemente spirituale, vibra anche con il quinto chakra, migliorando la creatività, creando chiarezza nel comunicare e profondità di pensiero. Viene considerato un cristallo collegato alla verità, poiché permette di parlare senza tradire il proprio cuore.
Proprio perché il lapislazzuli aiuta a sviluppare profondità di fede e grande convinzione, aumenta la fiducia in se stessi e la comprensione della propria spiritualità, facendo protendere verso la decisione più giusta. Da questo deriva quella che viene definita "illuminazione", ossia una comprensione istantanea e sorprendente del proprio cammino spirituale. Per ciò che riguarda la salute, il lapislazzuli è collegato al benessere della tiroide, della gola, del sistema immunitario, di quello respiratorio e del sistema nervoso.
Sembra che indossare il minerale possa alleviare l'emicrania e aiutare chi si sente ansioso o depresso.

Cianite

La pietra cianite il cui nome deriva dalla parola greca "kuanos" oppure a volte indicato come "kyanos", significa blu profondo. Si tratta di una pietra che è altamente raccomandata essere nella collezione di coloro fanno un lavoro spirituale su di sé. La cianite non accumula energie e vibrazioni negative, quindi non ha quasi mai bisogno di essere pulita e purificata. Poiché l'energia della cianite è illimitata, si dice che sia uno dei migliori cristalli da usare come pietra da sintonia.

La cianite è un potente amplificatore di energia ad alta frequenza, adatta per la meditazione e l'ascensione dell'anima. E' una pietra per il collegamento verso i regni superiori e aiuta a capire il vero scopo della vita. Funziona anche da stabilizzatore per il nostro campo biomagnetico, per il ripristino energetico del Ki del corpo fisico.

La cianite ha un forte effetto calmante sul tutto l'essere portando tranquillità e pace interiori.

Incoraggia la formazione di abilità psichiche e la comunicazione a tutti i livelli, quindi ottima per la gola e per il quinto chakra. La cianite allontana rabbia, frustrazione e la confusione mentale e contribuisce a donare una capacità di pensiero logico e lineare. La cianite fornisce una chiara energia stimolante, favorendo perseveranza e sostegno sul lavoro del proprio Sè, e sulle attività e situazioni di tutti i giorni che normalmente riducono la propria forza.

Inoltre la cianite aiuta quando ci si collega ai propri spiriti guida, e induce il sogno lucido promuovendo sogni di guarigione.

Viene utilizzata per trattare i disturbi dell'udito, i disturbi oculari, nonché le problematiche con il senso dell'olfatto.

Queste caratteristiche rendono la cianite una scelta eccellente per qualsiasi tipo di lavoro con l'energia.

Crisocolla

La crisocolla, che si trova principalmente vicino a miniere di rame, deve il nome dalle parole greche "chrysos" che significa oro, e "kolla" che significa colla. Alcune tribù degli antichi Indiani d'America usavano la crisocolla per la sua capacità di rafforzare la resistenza del corpo alle intemperie e per portare quella sensazione di calma interiore per chi è stato sconvolto da turbolenze emozionali ed emotive. Nell'antico Egitto, la crisocolla veniva chiamata la "pietra del Saggio" dato che era spesso usata dai membri del consiglio reale, da commercianti e da chi dove sostenere dei negoziati. Per questo la regina Cleopatra portava con sé gioielli di crisocolla ovunque andasse.
La crisocolla è una pietra lenitiva e calmante per i momenti di maggiore stress, anche solo la sua vista determina un equilibrio interiore e un animo gentile, calmando le emozioni e portando comprensione tra relazioni discordanti.
La crisocolla è una potente fonte di energia vitale, con una spiccata energia femminile, e contribuisce a liberare il subconscio dai sentimenti negativi di colpa ben radicati e a trasformare il risentimento storico nelle persone. La pietra crisocolla può alleviare i crampi, le infezioni della gola e usata sul sesto chakra offre immensi benefici spirituali.
Le proprietà della crisocolla consentono di esaltare la creatività e di rivitalizzare tutti i chakra allineandoli con il Divino. In particolare, la crisocolla ci insegna a mantenere il silenzio quando questo sarebbe la scelta migliore.

Lavora ottimamente sull'Aura con la pietra ematite e in particolare si consiglia di utilizzarla assieme al rame per aumentare la sua potenza energetica.

In seguito a isterectomia o durante il parto la Crisocolla è utile per rilassare i muscoli durante la contrazioni; è un ottimo rimedio anche per lo stress e le sue conseguenze come ad esempio l'emicrania, la tensione muscolare o l'eccessiva agitazione.

Inoltre in caso di febbre, stimola l'abbassamento della temperatura; guarisce dalle ustioni o infezioni. Con la Crisocolla sono realizzabili elisir molto forti sia con l'irradiazione con cristalli sia con la metodologia della provetta. Essa, inoltre, può essere utilizzata contemporaneamente con un rimedio di Bach Scleranthus.

Il Chakra a essa compatibile è il 5°, il Centro della Gola e il segno zodiacale associato è la Bilancia.

Larimar

La pietra larimar fu scoperta nel corso dell'anno 1916 a Barahona, a sud-ovest della Repubblica Dominicana. Scoperta da un sacerdote spagnolo Miguel Domingo Fuertes, riportò la notizia ma nessuna azione mineraria fu intrapresa. Il larimar destò particolare attenzione nel 1974 in un americano, Miguel Mendez, che la riscoprì sulle spiagge di Barahona. Il nome della pietra larimar fu dato in onore della figlia Larisa e Mar (dal nome spagnolo per mare), per come i colori della gemma somigliavano al mar dei Caraibi. Esiste solo una posizione di estrazione per questa gemma rara, che si trova nell'angolo sud-ovest del paese. Edgar Cayce (noto fotografo e chiaroveggente) predisse che in una delle isole dei Caraibi, essendo i resti della terra di Atlantide, una pietra blu di origine atlantidea sarebbe emersa con gli attributi di guarigione straordinaria.

Le proprietà del larimar ne fanno una gemma dalle enormi potenzialità, uno dei pochi cristalli per bilanciare tutte le polarità energetiche. Il larimar raffredda gli animi e le paure; calma e allevia lo stress e nutre il corpo fisico ed emotivo. Il larimar può essere una fonte di ispirazione e incoraggiamento verso il miglioramento della propria realtà personale, specie sui piani spirituali e fisici. Può alleviare la pressione alta e i problemi legati allo stress, oltre che alleviare un eccesso di febbre e infiammazioni. Può anche essere usato per stimolare la cartilagine e per sciogliere fastidiosi blocchi di testa e al collo. La quantità disponibile di larimar è tutt'ora sconosciuta, il che rende la reperibilità di questa pietra molto incerta nel lungo periodo. La pietra larimar ha la capacità di diminuire la frequenza e l'intensità delle vampate di calore e quando le energie della kundalini sono diventati fastidiosamente attive.

Il larimar è un'aggiunta sorprendente a qualsiasi tipo di sessione di lavoro energetico, ed è eccellente con il chakra della gola, il timo e il cuore, in quanto incoraggia a esprimere la personale verità interiore del cuore con assoluta chiarezza.

www.ingramcontent.com/pod-product-compliance
Lightning Source LLC
Chambersburg PA
CBHW071309060426
42444CB00034B/1753